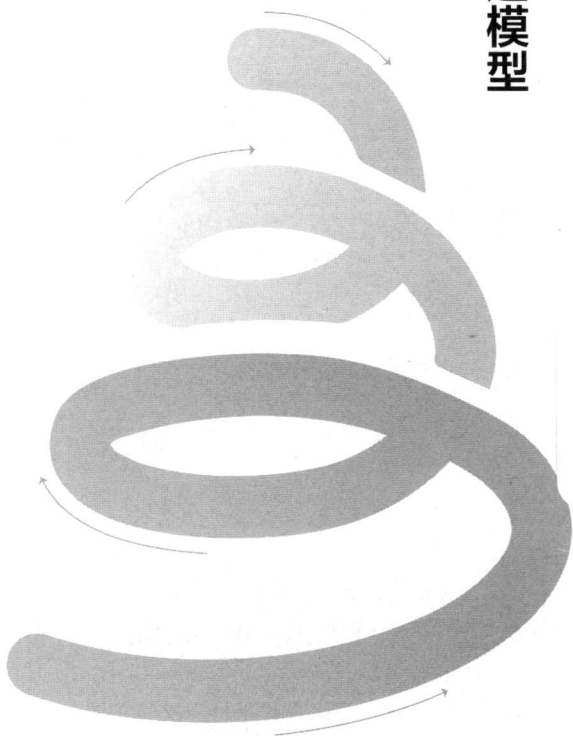

熊新发　魏巍　李洪坚——著

人人都是首席人才官

人才管理的12个跃迁模型

U0750176

电子工业出版社
Publishing House of Electronics Industry
北京·BEIJING

图书在版编目（CIP）数据

人人都是首席人才官 ：人才管理的 12 个跃迁模型 ／
熊新发，魏巍，李洪坚著 . -- 北京 ：电子工业出版社，
2025. 9. -- ISBN 978-7-121-51088-5

Ⅰ . F272.92

中国国家版本馆 CIP 数据核字第 2025H419V8 号

责任编辑：王欣怡　　文字编辑：刘　甜
印　　刷：涿州市京南印刷厂
装　　订：涿州市京南印刷厂
出版发行：电子工业出版社
　　　　　北京市海淀区万寿路 173 信箱　邮编：100036
开　　本：880×1230　1/32　印张：9.5　字数：179 千字
版　　次：2025 年 9 月第 1 版
印　　次：2025 年 9 月第 1 次印刷
定　　价：68.00 元

凡所购买电子工业出版社图书有缺损问题，请向购买书店调换。若
书店售缺，请与本社发行部联系，联系及邮购电话：（010）88254888，
88258888。

质量投诉请发邮件至 zlts@phei.com.cn，盗版侵权举报请发邮件至
dbqq@phei.com.cn。

本书咨询联系方式：424710364（QQ）。

推荐序一

在当今充满不确定性的商业环境中，企业竞争的本质已从资源争夺转向人才与组织能力的较量。作为企业战略的核心推动者，首席人力资源官（Chief Human Resource Officer，CHO）的角色不再局限于传统的人力资源管理者，而是逐步向人才战略家、组织变革引领者和文化塑造者转变。如何以战略思维驱动人力资源决策，如何在繁杂的市场中构建可持续的人才优势，已成为 CHO 必须回答的关键问题。

本书正是基于这一时代背景，系统探讨了 CHO 如何突破职能边界，以老板、员工、猎头三方视角系统重塑人力资源管理的价值，不仅全面、详细、深刻地梳理了 CHO 的核心思维模式的框架和内涵，还通过横跨科技、地产、金融、制造业、服务业等领域的大量案例，揭示了优秀 CHO 如何在高管团队中发挥战略影响力，推动组织持续成长。

本书的独特之处在于，它跳出了传统人力资源管理的模块化思维，从企业战略落地、员工共生发展、HR职业生涯的视角，构建了一套新的"三位一体"的方法论。读者既能从中看到CHO如何参与企业顶层设计的决策逻辑，又能掌握一些具体实操的背后策略，包括本书创新性地提出的"CHO驾驶舱"。尤为难得的是，本书结合了作者的丰富实践经验，围绕如何培养卓越CHO的管理思维，提出了一些颇具现实指导意义的路径和方法。当然，从严格的学术意义上说，本书的观点也只能说是一家之言。

新发是我指导的博士后，先后在多家大型企业担任高管、董事长。他长期深耕企业人力资源管理实践与理论研究，既有扎实的学术功底，又具备丰富的实战经验。魏巍是我指导的博士生，现已成长为大学教授，她是一位善于思考、勤于实践、学术成果颇丰的学者。作为导师，我欣喜地看到他们能够将学术研究与企业管理痛点紧密结合，并以清晰、务实的笔触呈现CHO的卓越管理思维和培养方法。本书理论与实践并重，既适合现任CHO或HR高管反思自身角色定位和实际表现，又可作为企业决策者理解人力资源战略价值的参考读本，对MBA、EMBA学员和人力资源专业的研究生而言，也是一部值得阅读的佳作。

愿本书能为中国企业的HR领导者提供新思维，帮助他们在战略制胜的道路上，走得更稳、更远。

杨河清

于京城小宅

注：杨河清，国家级教学名师，国务院政府特殊津贴专家；首都经济贸易大学学术委员会原副主任、劳动经济学院原院长、二级教授；曾长期担任中国劳动学会、中国人力资源开发研究会及中国人才研究会副会长。

推荐序二

当前，数字技术深度渗透，灵活用工需求激增，人力资源管理迎来了前所未有的挑战。更关键的是，未来变革的方向充满了高度的不确定性。在这个"经验半衰期"急剧缩短的时代，人力资源管理从业者面临的不仅是知识更新的压力，更是关于不确定性的底层思维革命。

人力资源管理早已超越行政支持的角色，跃升为组织的战略核心职能。相应地，HR的角色也发生了本质转变：他们既是组织能力的架构师，又是人才生态的运营者，更是战略落地的关键推手。这一跃迁，对HR的专业素养提出了全方位的高要求：不仅要精通操作工具，更要具备系统思维；不仅要解决当下问题，更要洞察未来趋势。因此，HR自身思维模式的迭代与能力的持续提升，是决定其专业价值的关键。

本书正是对这一时代命题的深刻回应。它跳出了传统人力资源管理模块化的局限，创造性地构建了一套面向未来的CHO核心思维框架体系。全书结构清晰，围绕老板的视角、员工的视角和猎头的视角三大核心维度展开，系统阐述了战略思维、业务思维、财务思维、合规思维、危机思维、平等思维、沟通思维、发展思维、集体思维、价值思维、品牌思维、创新思维这十二个关键思维。这套思维体系直击CHO在复杂环境中引领人力资源工作的核心要义。

本书的独特价值在于其"问题—实践—理论"的螺旋式写作路径。每一章均以HR管理中尖锐的常见错误切入，辅以鲜活的企业案例剖析——既有科技企业在核心人才招聘、绩效改革上的困境，又有传统企业在应对人才流失、激活组织上的智慧。这种源自实践的"泥土芬芳"，使得抽象的管理理论具备了可感知的温度和可迁移的生命力。

尤为值得称道的是作者深厚的学术功底与丰富的实战经验。新发在多家领军企业的高管经历，为本书提供了高屋建瓴的战略视野；洪坚丰富的管理咨询和教学培训经验，则为应对多元挑战贡献了切实可行的解法集。尽管任何理论研究都难免有可推敲之处，但本书坚持"理论扎根实践，实践反哺理论"的范式，正是弥合学界与业界鸿沟、推动产学研深度融合的有力探索。

人力资源管理，究其根本，是科学与艺术的合奏。科学在于其规律可循，艺术在于其运用之妙。本书提供的十二个思维，为 CHO 在科学性与艺术性之间寻求平衡提供了系统的思维工具和实践指引。衷心希望每一位读者，特别是肩负重任的 CHO，能从中汲取智慧，在充满不确定性的时代中，坚守专业主义精神，持续精进人力资源管理的卓越之道。唯有如此，才能真正成为组织变革的推动者、人才价值的点亮者，最终实现个人与组织的共生共荣。

杨伟国

北京市社会科学院党组副院长

中国人民大学劳动人事学院教授

国际劳动与雇佣关系学会（ILERA）执委

推荐序三

    CHO虽然是个舶来品，但在中国众多大型企业已经成为一个常见的管理职位。从个人职业发展角度看，CHO是许多人力资源管理从业者的梦想职位，代表着个人在专业技术领域所取得的成就和所拥有的能力。从企业竞争和管理角度看，CHO肩负着企业人力资源开发管理的体系设计、关键决策和日常指挥监督职能，是影响企业领导能力和竞争优势的关键。在现实中，许多人力资源管理的从业者正在努力把自己塑造成一名优秀的CHO，不少企业也在广泛搜寻或者着力培养优秀的CHO。但现有的大多论著或者太专业，读起来晦涩难懂；或者太不专业，品之无味，难以为人力资源管理的从业者或企业领导提供合适的指导。熊新发等人撰写的这本书，终于弥补了这一缺憾。

    由于个人工作原因，我自己会经常接触一些人力资源负责人或企业领导。在与他们的交往中，我发现不少人力资源负责人都接受过研究生教育，知识面广，专业基础扎实，工作技能和能力都很不错，但细想起来总觉得格局不够大，具体表现为视野不够宽阔，分析思考问题的层次不够高，提出的解决方案总有些偏颇，难以获得企业主要领导的认同。我自己也时常思考个中原因。阅读本书之后，我终于有了答案。正是因为现实中的部分人力资源负责人在思维训练方面存在不足，才导致他们在工作中格局不够大。在这本书中，三位作者没有具体阐释人力资源负责人需要具备的知识和技能，而是专注于 CHO 的管理思维。正如他们在前言中所提到的，人力资源管理是"道"与"术"的结合，而且相比于"术"的长进，"道"的修炼更为重要。在他们看来，人力资源负责人应该修炼的"道"，就是十二个方面的管理思维。尤其具有新意的是，他们不仅强调人力资源负责人要站在 CEO 的角度和员工的角度思考人力资源问题，而且还要面向市场，站在猎头的角度去考虑。这一观点，会大大增加人力资源管理实践的创新性，让人力资源管理工作的价值创造能力得到更加充分的展现。

在阅读这部著作时，我还有一个特殊的感觉，似乎自己不是在阅读一本纸质版的书，而是在听一堂案例分析课、听一次实务人士的讲座。本书的写作方式确实不同。这本书的每一章都从具体案例介绍开始，然后列举实践中常见的错误，阐释每种管理思维的具体内涵，在此基础上进一步提出如何培养或训练这种思维。这种写作方式，暗合成年人的学习规律，思路简单清晰，表述浅显易懂，让人不自觉地想一口气把整部著作阅读完。

这本书的作者之一熊新发是我指导的第一期硕士研究生，他毕业留校教学一段时间后又到中国人民大学劳动人事学院深造，博士毕业后，进入企业从事人力资源管理工作，先后在多家企业负责人力资源管理，具有扎实的专业功底和丰富的实践经历。魏巍、李洪坚也都是我国人力资源管理领域的知名青年学者，拥有敏锐的观察和分析问题的能力，学术论著、咨询成果丰富。或许正是因为他们兼具理论研究和实践经历，才能写出这种理论创新显著但又非常接地气的原创著作。真诚希望有更多类似的学术成果能够以这种形式呈现给广大的 HR，真正实现把学术研究做到祖国大地上。

曹大友
西南政法大学原管理学院院长、教授
中国人力资源开发研究会劳动关系分会副会长

推荐序四

企业的价值创造，本质上源于两类人：一类是直接创造价值的员工，另一类是帮助实现价值的客户。归根结底，"人"才是价值创造的源头。

员工作为企业价值创造的主体，是战略制胜的根本，也是战略制胜的内驱力。如何把普通的人变成优秀的人，把优秀的人变成卓越的人，让源源不断的人实现企业价值和个人价值的最大化，是每一位人力资源管理者都必须面对的终极命题。

作为企业管理者多年，我深刻感受到 CHO 普遍存在重工具、轻人性，重执行、轻体系构建，离业务远、缺商业思维的问题，以至于要想成为战略助手和业务伙伴还有很长的路要走。

熊新发是我多年前的同事，具有丰富的实战经验、敏锐的业务洞察力，以及极强的理论提炼能力。他的这本新作，立足

人人都是首席人才官：
人才管理的 12 个跃迁模型

多维视角，结合大量企业实际案例，从问题出发追本溯源，形成了 CHO 洞察业务、塑造组织和发展自我全方位的自我修炼手册。这本书凝聚了他多年的实践智慧与理论思考，也为 CHO 的价值升维提供了系统化的方法论指引。

相信本书不仅能给 HR 高管、人力资源从业者带来启发，也能给企业管理者提供很好的参考和借鉴。希望读者能从中获益，并共同探索人力资源管理的更高境界。

魏春兰

蓝谱控股（深圳）有限公司董事长

华润战略业务单元原高级副总裁

前　言

FOREWORD

　　卓越CHO[①]是所有人力资源从业者的标杆。如果说"不想当将军的士兵不是好士兵"，那么也可以说"不想当 CHO 的 HR 不是好 HR"。关于 HR 如何快速成长的著作比比皆是，不乏各种专家教授的理论指导、世界 500 强 HRD 的经验分享，以及知名咨询顾问的实战总结，但更多的是立足人力资源的六大模块、三支柱等进行分析或侧重针对具体问题提供实战指导。这些著作对于解决 HR 的技术困惑，提高 HR 的专业技能起到了积极的作用，但人力资源管理是"道"与"术"的结合，而且相比于"术"的长进，"道"的修炼更为重要。现实当中，不少科班出身的高材生、对口部门的职员，讲起人力资源专业的很多概念、工具、方法头头是道，可一上手就不是那么回事，生搬硬套、一头雾水、顾此失彼……问题层出不穷，

---

① CHO（首席人力资源官，或称首席人才官）是企业经营班子和高管团队的重要成员，负责从企业战略的高度建立高效的人力资源系统。本书用 CHO 指代企业中人力资源的最高领导，包括分管人力资源工作的副总裁（Human Resource Vice President，HRVP），以及没有设置相应高管的企业里的人力资源总监（Human Resource Director，HRD）等。

原因是他们只停留在对"术"的简单理解上，往往知其然而不知其所以然，更不懂得如何灵活运用。还有不少 HR 往往在晋升到部门负责人后就会面临职业发展的瓶颈，究其原因，是陷入本位主义，以至于难以突破认知的局限。相反，国内一些特别优秀的 CHO 往往不是人力资源科班出身。虽然他们对具体的人力资源管理技术和工具不太熟悉，但能准确、高效地把握工作的大方向，很好地带领、指导下属人力资源团队完成具体的工作任务。之所以能做到这样，恰恰是因为他们从"术"中超脱出来，领悟了人力资源管理的"道"。

"道"似乎很抽象，但从 CHO 的管理思维，即他们看待事物和解决问题的角度中就能看出端倪。管理思维具有很强的主观性、经验性和习惯性，也具有较强的可塑性和习得性。探究卓越 CHO 的管理思维，以及他们是如何养成这种思维习惯的，可以为 HR 的成长提供更有价值的指引。

管理思维有好有坏，不能简单地用短期业绩来衡量，需要站在利益相关方的角度进行综合评价。老板、员工、猎头算是与之关系最密切，也最有发言权的利益相关方。虽然三者都会关注 CHO 的业绩表现，但在视角上还是略有差别的。老板看重的是 CHO 能否帮企业排忧解难，更注重短期绩效，老板不说好，CHO 待不住。员工看重的是 CHO 能否满足员工诉求，更注重劳资共赢，员工不说好，CHO 干不长。猎头看重的是 CHO 能否胜任其他的平台，更注重职业发展，猎头不说好，

CHO 没前途。换句话说，只有以上三方都说好，CHO 才真正称得上卓越。因此，关于卓越 CHO 的管理思维，需要从老板、员工、猎头三方视角来分析。

本书以作者多年亲身实践和管理咨询经验为主，结合对部分人力资源高管的访谈，梳理了老板、员工、猎头三方视角下 CHO 应该具备的十二大管理思维。对 HR 从业者，尤其是对刚入行不久的 HR 如何开展工作、如何提升能力有非常直接的指导意义，对其他职能条线的管理者，也有一定的参考价值。

目 录
CONTENTS

第二篇
员工的视角：把员工当成 HR 的客户

第三篇
猎头的视角：始终保持面向市场的心态

THE
FIRST ARTICLE

第一篇

老板的视角：
站在 CEO 的角度想问题

CHAPTER 1

| 第一章 |

战略思维

（一）缺乏战略思维的常见错误

"战略思维"这个词对 HR 来说其实并不陌生，但在人力资源管理领域，这个词很容易跟战略人力资源管理混为一谈。虽然从结果来说，二者都有助于人力资源管理发挥支撑组织战略落地的作用，但实际上前者是一种思维方式，后者则是一系列的管理活动。可以说，战略思维是所有战略性人力资源管理实践的精髓和灵魂。尽管每个 HR 都知道应该有战略思维，可在实践当中，在遇到具体问题时，实际的表现却与战略思维的要求格格不入。

1. 应急了事

某企业的老板为了让业务赶上"大数据+"的风口，决定在经营班子中增设首席信息官（CIO）的岗位，并且要求必须在一个月之内把人招聘到位。CHO迫于压力，赶紧通过猎头先找了一个交差，没想到第一任CIO才干了两个月就走了。CHO因此焦头烂额，生怕被老板责罚，更加着急想引进新人，后来又通过熟人介绍了一个行业的大数据专家，结果那个人没干多久也辞职了。

老板因此很不高兴："我以几百万元年薪去请的这些技术大咖，背景看着都非常牛，可我给他们交代的任务，他们好像都没听懂，做出来的东西跟我的期望差得很远。短短半年时间，来的两位高管都离开了，业务停滞不前，你们人力资源部到底是怎么招的人？"

案例分析

案例中，CHO更多是从自身完成任务的角度出发的，在乎招聘的速度，而忽视了招聘的质量。作为一个新设的岗位，具体的职责、任务、目标等应该先梳理清楚，在这个基础之上，再去考虑对候选人的要求。同样是CIO，两家不同企业的要求可能会完全不同。只有力争做到"人岗匹配"，才是负责任的招聘。

据非正式统计，中国民企引进空降高管的失败率超过80%。这带来的损失和伤害巨大，企业除了要负担高额的薪酬，更麻烦的是伴随新高管的进出所带来的一系列连锁反应。空降的高管想在新企业"活下来、活得好"也并不容易，除了自身的能力水平与企业要求不符，组织内部的诸多因素也容易导致引才失败：新人所承担的任务通常难度更大，否则内部人员就可以解决而没必要引进新人了；新人的做事风格与老团队差异大，很容易产生冲突；新人与老板及核心骨干的关系、信任需要时间建立；老板在招人的时候，通常对新人的期望过高或要求不够清晰；新人的待遇通常远高于老员工，容易引发不满；新人由于自身的职业惯性，需要花时间去理解企业的文化与制度，容易与老团队的想法产生矛盾；老团队通常抗拒改变，不希望打破现状等。

本节观点

卓越CHO在招聘时会做到知己知彼，一方面会先明确人才画像，另一方面会详细考察候选人的真实情况。当然，因人设岗的情况并不是不存在，但一定是因为人才与企业发展很好契合。另外，招聘后期 CHO 还会"扶上马送一程"，为候选人融入企业、发挥作用创造条件。否则最后引进的高管出了问题，CHO 不仅要重新忙活，而且容易背锅。

2. 沉迷过去

案例回顾

某企业在考核方面存在严重的大锅饭现象，为此，老板以重金邀请 A 担任 CHO。A 入职以后不负众望，主导了一场轰轰烈烈的绩效管理制度改革，获得了非常大的成功，企业当年的业绩也突飞猛进。

新的绩效管理制度实施几年后，逐步暴露出考核指标太僵硬、考核程序太复杂等问题，中层管理人员及基层员工对绩效管理的负面反馈不断增多。不少人提出应当尽快修订制度，但 A 却不以为然，表示当初改革的成效有目共睹，修改太频繁会影响制度的权威性。

案例分析

案例中，刚开始绩效管理制度改革最需要解决的是大锅饭问题，只要相对公平，效果就会比较显著。但时间长了，一方面，这种公平感会逐渐减弱，甚至会产生新的不公平感，从而需要用更精确的绩效评价体系来维持；另一方面，考核程序和考核结果是相生相克的关系，必要的程序是结果的保障，但太注重程序又会影响结果。更何况一时的成功不代表永久的成功。再好的制度，随着适用环境和对象的改变，如果一成不变的话，最后肯定要出问题。就好像再能干的人，如果转换了赛道或者离开原有的平台，未必能继续保持优秀一样。A 作为企业的 CHO，沉迷于过去的光环，用过时的制度去管理企业，无异于刻舟求剑。殊不知，所有的人和事都一样，过去行现在不一定行。

本节观点

卓越 CHO 在绩效管理上会做到与时俱进，确保在不断变化的环境中，绩效管理制度处于一个动态适应的过程。而且绩效管理本身是个大的系统，包括考核的方法、指标、流程、结果及反馈、运用等，核心是促进绩效的持续改进和提升。与此同时，制度创新本身也可以激发创新，增强企业应对环境变化的创新能力。所有企业的高层管理者和制度设计者，都应当充分认识到这一点，并将其融入日常管理活动。

3. 赏罚不明

案例回顾

某制造企业其中一个分厂的工人甲因为违规吸烟引发火灾，好在他奋不顾身、处置及时得当，虽然自己受伤了，但让企业免受了巨大的财产损失。新任 CHO 刚刚上任，又知道老板非常重视安全生产工作，为了强化大家的安全意识，决定借机好好做做文章。在他的强烈建议下，最终企业对甲的"救火"行为予以重奖。

其实企业一直有明确的禁烟规定，只不过甲烟瘾很大，而他在分厂的资历较老，所以平时大家都是睁一只眼闭一只眼。CHO 本意是通过奖励甲让大家更重视安全生产，避免事故的发生，结果私下里员工们却调侃"老烟枪烧了工厂反而得了大奖"。以至于后续事故率不降反升，甚至发生了一些低级的安全事故。

案例分析

案例中，CHO 促成企业奖励甲"救火"有功，但忽略了甲其实是事故的元凶，如果甲没有违规吸烟，就不会发生火灾。对员工的奖励会产生正强化的效果，从而增加该行为被重复的可能性。奖励补救行为并非企业本意，杜绝危险行为才是。CHO主导的奖励，让这家企业掉入了迈克尔·拉伯夫（Michael Leboeuf）所说的陷阱：奖励错误的行为，而忽视或惩罚正确的行为。我们希望得到A，却不经意地奖励B，最终还在困惑为什么会得到B。当你跳出一个"坑"的时候，或许已经在不知不觉间进入了另一个"坑"。

📝 本节观点

卓越CHO必定会坚持赏罚分明的基本原则，小到个案处理，大到制度设计都是如此。通常在具体使用时，他们还会特别关注以下几点：一是关于赏，因为奖励的资源有限，务必确保"好钢用在刀刃上"，而且员工往往不患寡而患不均，所以有时候雨露均沾也是很有必要的；二是关于罚，需要考虑"法不责众"，所以往往"枪打出头鸟、杀鸡儆猴"即可，否则打击面太大最后受影响的还是企业；三是赏罚要及时，而且赏的持续时间可以久一点，但罚的持续时间不宜过长。

4. 貌似完美

　　某知名企业是一家从西北偏远小镇发展起来的家族企业，管理层一半以上是老板的亲戚朋友。随着企业的不断发展壮大，后来集团总部搬到了北京。老板一直认为老部下追随自己多年、知根知底，更加忠诚可靠，所以即使总部搬到了北京，大部分集团总部的人依然来自西北老家。

　　结果在这样一个不太市场化，员工裙带关系比较强的企业里，CHO又很教条地认为，一个中层或高层管理者表现的好坏，一定要综合考虑业绩、能力、同事评价多方面的因素。在他主导制定的中高层管理者个人绩效考核方案中，除了KPI的得分，360度考核的结果也占50%的权重。这样的设计直接导致外部引进的职业经理人即便KPI得分很高，但因为是新人，360度考核得分低，结果年度绩效总评分比较靠后，所以待不了多久就辞职了。

案例分析

　　案例中的360度绩效考核法，是通过被考核者工作的上下级、上下游来进行综合考核的，侧重于定性考核，定量的业绩考核较少，而该企业又属于家族企业氛围浓厚、员工关系错综复杂的企业，所以在这样的企业中用360度考核，新员工或者群众基础比较薄弱的员工就很吃亏，很容易造成考核结果是片面反馈。一个不合理的评价体系被过分依赖，结果必定会失去公平。实践中，一定要具体问题具体分析，在明确为什么考核、考核哪些人、考核结果如何运用、过往考核存在的问题、考核的时间要求或其他约束条件等的基础之上，再决定采用什么样的个人绩效评价体系，而且关注考核方法与考核指标的结合，会使考核更加科学全面。

✒ 本节观点

卓越CHO在绩效考核上会因地制宜地选择评价方法。他们相信没有完美的方法，只有恰当的选择。首先，任何一种评价方法都有适用的前提，如果土壤不对，就不可能达到预期的效果；其次，绩效评价理论上可以更精确，但作为一种管理手段，必须考虑方案选择的投入产出，如果花的代价、精力太大，评价的准确性只是提高了一点，显然是不值当的；最后，绩效评价是一个考评者与被考评者，以及相关方互动沟通的过程，而评价结果又与员工的薪酬、晋升息息相关，所以一旦沟通不好极易引发冲突，从这个意义上来说，过程沟通比具体方法的选择更重要。

（二）战略思维的具体内涵

通俗来讲，所谓战略思维就是从组织的战略出发，来考量人力资源管理的整体策略和具体措施，就是大局观、全局意识。我们不必陷入概念界定的迷雾。其实要充分理解战略思维，关键在于把握这种思维方式的几个显著特征：前瞻性、长期性、重点性、全局性。

前瞻性

重点性　战略思维　长期性

全局性

1. 前瞻性

在快速变化的商业环境中，新技术的兴起、客户消费偏好的改变、政策法律的调整、劳动力市场的变化等，都在不断重塑企业的竞争格局。因此，前瞻性要求持续关注、预测重要环境的变化，以及其如何影响人力资源管理，并通过对比现状去发现问题、解决问题，避免被动局面，或避免因可预见的决策失误而造成损失。

了解未来的可能性

A企业是国内煤化工领域的龙头企业，下设多家企业，主要生产乙二醇等大宗化工品，由于具有成立时间早、生产工艺成熟、产能利用率高、原材料采购及人工成本低等优势，所以过去几年A企业的经营业绩都比较好。然而，从2018年底开始，受乙二醇各种生产工艺产能扩张的影响，特别是国内煤制乙二醇产能的快速增长，以及国外进口货源的低价竞争，乙二醇价格开始下跌，2019年3月，从5483元/吨年内高点跌至最低4314元/吨，跌幅超过20%。而且据业内人士预测，未来5

年，全球乙二醇产能将迎来大幅增长，特别是北美、中东和南亚不少大型项目多选用廉价的乙烷为原料，具有更强的市场竞争力。与此同时，有关统计数据显示，国内规划的乙二醇各种路线装置产能是2018年国内实际总产能的三倍。

未来的可能性包括两个方面：一是所在的行业会有哪些变化。比如，供求关系、竞争格局、监管环境、技术变量等。这方面有很多成熟的分析工具，包括PEST分析、五力模型分析等。二是企业自身会有哪些变化。大到企业战略和主营业务的调整，小到经营场地的变化。

上面的案例中，A企业所在的乙二醇行业有一些重大变化值得关注：（1）技术的变化，传统的乙二醇主要是石油制的，现在煤制乙二醇技术逐步发展成熟；（2）价格的变化，乙二醇整体价格跌幅明显；（3）海外市场的变化，全球产能将迎来大幅增长，且北美、中东和南亚不少大型项目因为原料更便宜所以更有竞争力；（4）政策的变化，国内批准了很多乙二醇的项目。

在不确定中找确定

环境的变化是复杂的，这就需要我们去粗取精、去伪存真，找到那些相对确定的环境变量和变化趋势。比如，在上面案例中，乙二醇行业的各种变化对 A 企业经营的具体影响程度有多大？各种环境变化相互之间会有什么影响？未来还会不会发生新的变化？这些问题我们很难准确评估，但有两点是可以肯定的：第一，长期产能过剩会导致同业之间的价格竞争加剧；第二，国内短期煤制乙二醇产能增加会导致行业对熟练工人的需求激增。

前瞻性要求人力资源管理者必须清楚地认识到这一点，战略的调整固然可以是快速灵活的，但企业的人力资源管理水平的提升却是缓慢而长期的。企业可以快速融资，可以迅速积累生产资源，但是一个人才不足的企业不可能在一夜之间变成人才的摇篮。

面对行业的变化，A 企业可能的选择主要有两个：一是通过降本增效提高市场竞争力；二是通过拓展上下游业务谋求转型。这样的战略选择，对 A 企业的人力资源工作提出了新要求：在降本增效方面，提高产能利用率要求加大培训力度，降低人工成本要求减员增效，考虑到行业内人才争夺加剧，又需要尽可能地确保熟练工的稳定；在转型升级方面，上下游的业务拓展需要适时补齐新进入领域的人才缺口。

2. 长期性

如果说前瞻性更强调对机会和风险的提前预判，那么长期性更强调要有历史视角。做人力资源工作如果不熟悉企业的历史，就无法真正理解企业的现在和未来。

站在历史看今天

"太阳底下没有新鲜事。"高层管理者要习惯于了解现象背后的历史，关注企业和行业的过去。因为现在面临的问题大概率曾经出现过，至少会有类似的情形可以参考，所以要学会从过去的经验中寻找原因和答案。

站在今天看未来

今天的决策必定会影响未来，因此要考虑决策的连续性。比如绩效考核制度有指挥棒的作用，所以不可能今年颁布的考核制度明年又去改，但任何制度都不可能是完美的。这就要求考虑未来的不利情况出现之后，有没有相应的解决方案。

站在未来看现在

环境是发展变化的，如果说在确定情境下要考虑决策的连续性，那在不可预见的变化情境中，就要考虑决策在未来的适应性，比如两个候选人都能满足岗位的要求，但其中一个还有其他的发展潜力，那同等条件下肯定要优先录用他。

3. 重点性

人力资源方面的问题如果需要上升到 CHO 的层面来决策，往往都比较重大，解决起来肯定要有取舍，面面俱到其实是很困难的。

分清主要矛盾

弄清楚企业当前面临的主要问题是什么，在这些问题中哪些是需要优先解决的。"打蛇打七寸，牵牛牵鼻子"，才能体现管理者的水平。如果"眉毛胡子一把抓"，往往会使具体问题无法解决，最终的结果也不好。比如某跨国企业在广东大型制造中心发生了影响很大的集体劳动争议事件，虽然导火索是外籍高管对某个普通员工的粗暴行为，但个体矛盾是其次，最主要的矛盾是跨国高管长期以来对中方员工的重视程度不够，以至于产生不同籍员工同工不同酬、基层岗位劳动强度大、加班工资核算不及时等问题。

核实主要问题

在复杂多变的情况中，多个问题往往交织在一起，但其中必然有一个或几个是起决定性作用的主要问题。只有准确识别并集中力量解决主要问题，次要问题才会随之得到解决，才能打破僵局。比如，某上市企业证券事务经理迟迟没有招到位，CEO 在经营例会上严厉批评招聘效率低下，结果 CHO 调查之后才发现，并不是因为招聘经理不努力或候选人太少，而是用人部门岗位需求不明确，作为分管领导的董事会秘书太忙难以配合面试导致的。

识别重点对象

人力资源工作永远不可能让所有人都满意。更何况人本身就很复杂，千人千面、众口难调。从价值链的角度看，各个环节的贡献是不同的，比如金融行业有"前台不如中台、中台不如后台"的说法，所以薪酬、晋升、评优机会等各种资源的配置都会向后台倾斜。而从稀缺性的角度看，二八法则中 20% 的关键人才是企业需要重点关注的，否则人才重置的成本会非常高。

明确主要目标

企业的资源是有限的，CHO 的精力也是有限的。只有聚焦重点目标，才能有更好的收效。首先，企业要集中精力干大事，因此人力资源就必须向战略性业务板块、重要的创利部门倾斜；其次，要把握好工作重点，年度工作也好，月度工作也罢，如果方向跑偏了，到头来就会劳而无功；最后，一个方案能够达到某个或某几个重要的目标，但鱼和熊掌不可兼得，不能指望一次性把所有的问题都解决，所以在选择备选方案的时候，必须明确希望达成的主要目标。

4. 全局性

人们总是习惯于从自己的岗位出发去分析问题，这样就很容易被自己接收的局部信息误导，而且个体的认知总是有限的。

评估决策的综合影响

人是物质和精神的综合体。马斯洛的需求层次理论为我们揭示了人的需求的复杂性。因此，人力资源的决策不仅要考虑物质方面的投入产出，还要考虑精神方面的正面或负面影响。另外，尽管现实中人力资源部门内部并不都是铁板一块，不同架构设置和职能分工在一定程度上加剧了部门内部的摩擦，但人力资源管理的各功能模块是互相联系的，必须高度协同。比如，一项重要的外部引才计划，必须考虑对内部人才积极性的打击，以及对现有薪酬制度的冲击。

考量决策的外部效应

人力资源只是企业众多管理职能中的一部分，它与生产、财务、市场、运营等其他管理职能联系最为紧密。人力资源的重要决策也一定会给其他管理职能带来影响，因此，必须综合考虑人力专业决策的外部效应，一定不能"按下葫芦浮起瓢"。比如，一项旨在激发内部活力的期权计划，需要确保授予对象、授予数量、兑现条件和期限的合理性，否则容易引发不满，进而对正常的经营造成影响，同时需要考虑期权计划对财务管理（特别是上市企业市值管理）的影响。

追求组织利益最大化

管理本来就容易陷入"盲人摸象"的困境，尤其是在掺杂本位主义、地盘意识等错误的思想之后，CHO 更难以客观地分析问题、公正地解决问题。作为组织核心决策层的一员，CHO 应当避免上述问题，要站在整个企业全局的角度开展工作，着眼于那些能够为企业带来更多、更长远利益的方案。

（三）如何培养战略思维

彼得·德鲁克曾经说过："管理不应该仅仅是被动的、适应性的行为；管理意味着采取行动促成希望实现的结果。"从这个意义上来说，一个称职的管理者应当主动地思考，并积极采取措施，推动企业实现战略目标。可见，战略思维的重要性对于HR，乃至所有管理者来说都是显而易见的，而且越是高级别的管理者，越需要具备这种思维方式。

1. 全面学习企业战略

关于企业战略我们常常要面对几个残酷的现实：很多企业并没有明确而清晰的战略，以至于同一家企业的高管们各自的理解也不一致；企业战略快速变化和调整，让员工身心俱疲；企业战略只在少数人的脑子里，而且是纸上谈兵；企业战略虚无缥缈难以落地，说的和干的是两张皮。即便如此，我们还是可以追寻企业战略的一些踪迹，尤其是如果脱离了企业战略，战略思维就成了无源之水、无本之木。

熟悉战略背景

了解企业战略制定的背景非常重要，因为不放到当时的情景之下，我们往往很难理解战略为什么是这样的。比如，战略是在什么样的内外部环境下被提出来的？哪些因素、哪些人起到了至关重要的作用？战略经历了怎样的变化过程？某世界500强央企让很多新员工非常困惑，这么一家体量巨大和影响力广泛的集团企业，为什么在战略上属于极端的风险厌恶型？详细了解之后才知道，原来这家企业曾经因为粗放管理濒临破产。

熟悉战略目标

某投资企业看好出行行业，打算筹建一家大型租车企业。刚开始的时候，股东方的期待特别高，希望第一年要在十个城市同步推开，并用三年的时间，依托自有能力发展到百万辆车规模。后来经过筹备组的详细论证，发现这个目标是不可能实现的。因为所在的集团偏投资型，实体产业的运营经验和人才储备非常有限。于是，将目标调整为第一年先从某个中心城市试点，扎实打磨运营体系，三年力争车辆规模超过十万辆。1个城市还是 10 个城市，10 万辆或 100 万辆，人力资源管理的工作目标有着巨大的差别。

熟悉战略路径

方向定了，目标定了，具体的实施路径其实差异也很大。比如，某知名的第三方物业企业计划在五年内完成上市。摆在面前的至少有三条路：锤炼品质稳扎稳打，拓宽合作渠道小步快跑，依托资本快速整合并购做大规模。不同的路径之下，人力资源策略的匹配就非常重要了。从核心人才的需求来看，锤炼品质的路径注重运营人才，拓展渠道的路径注重市场人才，并购整合的路径注重投融资人才。

熟悉战略准备

从推动和保障战略实现的角度看，企业已经具备了什么样的基础条件；从战略执行的角度看，企业做了哪些动作，进入了哪个阶段。前者关注实体方面，后者关注程序方面，核心是找出战略和现实之间的差距。比如，某公考培训机构确立了聚焦省内高校渠道，打造"就业＋公考"差异化服务的战略，那 CHO 就要考虑，一方面要支撑新的差异化服务，企业在"就业＋"方面有什么资源和人才储备，在公考辅导方面有什么特点，现有的渠道资源的黏性和要求如何；另一方面，差异化的服务是处于产品打磨期，还是到了市场推广期。

2. 贴近最核心的决策者

首先要搞清楚企业由哪个人或者哪些人说了算。这些能够掌控企业大方向的人，他们的想法往往就是战略的雏形或者内核。这些人可能是企业的董事长、总裁、CEO，也可能是企业的领导班子，或者是控股股东的代表等。

"听得懂"

听懂话是基础，但并不是那么简单的，一般都有个磨合的过程。俗话说"听话听音"，字面意思不难懂，关键是要透过表面理解领导的真实意图。有的领导很注意自己的表达方式，习惯于不把话说得太透彻、太直白，讲究点到为止；还有的领导喜欢夸大其词，特别是在数字的使用上水分很大。某企业CHO就抱怨自家老板，说前段时间讨论要开展某项新业务的时候，老板明确提出要做到全国前三，结果他认真地照着这个目标做了方案，报给老板的时候却被各种刁难。后来老板身边的人善意提醒他，"做到前三"的目标老板只是说说而已，不要太当真，等到让老板掏钱的时候才能看出老板的真实想法。

"踩得准"

作为核心决策者，领导往往工作头绪多，要明白领导关注的核心目标和重点事项，理解其面临的压力和挑战，以及其对待解决问题的优先级排序。掌握这些信息有助于形成更有效的解决方案。几年前有个朋友被选中要去给一位大领导做秘书，他很开心也特别忐忑，不知道怎么才能当好秘书。后来有人给他支招："永远想到领导下一步要去干啥！"朋友听完如获至宝，上岗以后照此执行，果然深得领导喜欢。

"跟得上"

熟悉领导的决策风格和工作风格，才能更好地跟上领导的节奏。有的老板更看重大方向，也愿意相信CHO是人力资源专家，给予其更大的施展空间。而有的老板掌控欲比较强，尤其是觉得人事问题很敏感，要一切尽在自己掌握才行。碰到这样的老板，就要习惯于在接受他的指令时，搞清楚背景，问清楚要求，这样不管情况如何变化，都不会犯大的错误。

"达得到"

尽可能接近领导的视野，习惯于站在领导的角度去考虑工作的要求和标准，并不断提升自身和团队的执行能力、学习能力、专业能力。当然，这就需要深度了解自己的领导，包括他的价值观念、经营理念、行为方式及性格特征，并充分利用自身的专业性，弥补领导在人力资源具体问题上经验的不足，把领导的决策变成正确的决策，确保工作成果符合甚至超出领导的预期。

3. 抓住关键人和关键事

虽然说所有的员工都是企业的财富，每一个问题都应当解决好，但在有限的资源下，优先抓住关键人才、抓好关键事项，才会有事半功倍的效果。

谁是关键人才

对于谁是关键人才，需要摒弃两个偏见。

第一，谁的级别高，谁更关键。有一位 CHO 基于对企业的深入了解，跟董事长促膝长谈时很尖锐地指出："当初那些陪着您一起打江山的老兄弟们，现在个个身居高位，都是集团的高管或者子公司的负责人，他们因为不与时俱进，现在恰恰成了企业发展最大的阻力。您的很多战略决策和改革部署都非常好，最后之所以没能很好地推行下去，最重要的原因是老兄弟们思想跟不上，有的甚至害怕新的改革会威胁自己的安全。而集团绝大多数中层管理者，起着承上启下的关键作用，他们大多敢想敢干，也更愿意接受新鲜事物，对战略的理解也更到位，所以他们其实是更关键的人。"

第二，关键人才一定是创利多的。按照二八原则，创造80% 价值的 20% 的员工毫无疑问是关键人才，他们往往是企业的核心骨干，不仅在日常工作中表现出色，而且在组织变革和危机处理等方面发挥着重要作用，他们的绩效和贡献远远超过了其他员工。企业应当重视这些员工，为他们提供更好的培训、激励和发展机会，以保留和发掘他们的潜力。然而，企业里最稀缺、力量最薄弱的那部分员工也应当纳入关键人才的范畴。因为他们可能代表着新的转型方向，或者是人力资源的重要风险点。

什么是关键事项

在经营方面，每个企业都会有主营业务，不过主营业务不一定就是关键事项。比如，尽管某企业的主营业务当下是收入贡献的大户，但利润比较薄、竞争比较激烈、进入的门槛也比较低，而在孵化中的新业务恰恰是更关键、更需要投入精力的。在管理方面，任务也有轻重缓急。比如，对一个新上任的CHO来说，下面"三把火"通常是最关键的：（1）灭火，排除重大风险隐患，避免受到牵连，被一票否决；（2）立威，哪怕是搞面子工程或者在必要的时候给人下马威，核心是树立自己在人力资源专业事务中的权威，否则后面的工作不好开展；（3）改革，思考如何系统提高人力资源管理的效能，保障经营业绩的持续提升，靠专业创造价值、赢得尊重。

4. 顺应行业趋势和规律

在大趋势面前，人的能动性很小。这就要求我们必须看清形势、顺势而为。基本规律具有客观性和普遍性，我们必须遵循。

尊重行业的内在规律

虽然跨行业更容易产生颠覆性创新，但每个行业都有自己的规律。有时候一些潜在的行规不会被明说，在业内人士的眼里却是常识。比如，有一家教培机构的创始人是名校博士，很有情怀，也非常理想化，他创办机构的初衷是看到了行业的很多乱象，认为现在的产品都是在人为制造焦虑，违背了教育的本质要求。所以这位创始人一厢情愿地输出所谓"良心内容"，希望借此吸引更多的学员，运行半年后发现收效甚微。经过同行指点之后他才发现，潜在的学员对所谓"良心内容"的辨别能力差，加上对新机构缺乏信任往往不愿意尝试，所以他创办的机构招生一直不好。

顺应行业的发展趋势

尽管柯达早在 1975 年就发明了首台数码相机，但高层出于对其传统胶卷业务的保护和对新技术潜在风险的顾虑，没有及时推动数码技术的发展和商业化。柯达对于影像市场数码化的反应慢了好几拍，结果把本来属于自己的技术优势拱手让给了竞争对手。关注行业的发展趋势，本质上就是从更宏观、更动态的角度去考察企业的战略。企业人力资源管理只有顺应行业的发展趋势，积极地调整人才结构，引进创新型人才、培养高潜后备员工，才能更好地推动企业的创新和发展。

坚守 HR 的基本规律

企业的战略制定和部署往往源于老板，听老板的通常来说没错，但不能太绝对。一方面，老板有时候很善变，容易受到主观情感的影响，特别是民营企业的老板，为了抓住机会容易做一些短视决策；另一方面，老板不是人力资源的专业人士，在相关问题的判断上不可能面面俱到，特别是针对一些很具体的事务，所以 CHO 在工作中应该本着负责任的态度，所做的决策不仅应该服从老板给出的具体指令，还应该符合人力资源管理的基本规律，做出有利于企业长远发展的决策。对战略负责才能真正赢得尊重，等老板反应过来才知道是真的好，否则委曲求全容易被老板秋后算账。

5. 避免终极目标的冲突

有时候我们走得太远，以至于忘记了为什么而出发，最后容易陷到具体的问题、低级的目标里。所以我们既要低头看路，也要抬头看天，永远心怀终极目标，关注大是大非。

不违背高层次的目标

每一个方案都包含想要直接实现的目的和更高层次的目

标，但所要实现的直接目的不能与更高层次的目标发生冲突，并且应该是有助于达成更高层次的目标才行。比如，企业在对员工进行考核时，直接目的是对员工的工作业绩进行评价分析，更高层次的目标是通过公平考核激励员工、促进其绩效提升。因此如果在考核的实施过程中，员工普遍对方案表示不满，尽管最后能够得到相对客观的评价结果，考核也是不可取的。

系统考虑决策的影响

从全局的角度通盘考虑，是战略思维的内在要求。作为企业人力资源的负责人，经常性地从以下三个角度评估决策的合理性和正当性，本身就是在训练自己的战略思维：（1）对其他 HR 模块和其他管理职能的影响；（2）对业务甚至企业整体经营的影响；（3）对员工心理和企业文化的影响。

与战略要求进行对比

战略要求相对来说比较宏观，与日常人力资源管理活动之间联系并不紧密，但进行重大的人力资源决策必须思考是否与战略要求一致，以确保人力资源管理真正发挥战略支撑的作用。比如，招聘一名职级较低的普通员工，很难用战略要求进行评估；但如果是招聘一名高管或者技术领军人，肯定就有战略性的影响了，起码需要考虑候选人是否认同企业的战略。

战略告诉我们做什么、
怎么做才是真正有价值的。

CHAPTER 2

| 第二章 |

业务思维

（一）缺乏业务思维的常见错误

　　原本优秀的 CHO，换了个行业之后，工作表现就大不如从前了；有些 CHO 在参与企业业务相关决策时，自己都一头雾水，更别提发表有价值的专业意见了；还有的 CHO 很教条，固守所谓的行业经验，结果适得其反。以上这些问题的出现主要是由于他们欠缺业务思维。HR 只有真正重视业务的学习，做促进业务发展的有效管理，才真正称得上业务部门的合作伙伴。

1. 一头雾水

案例回顾

　　有一家专注于研发、生产和销售医药玻璃管制瓶的民营企业在行业内小有名气，产品质量过硬，市场很好，但有一件事情让老板很苦恼，明明给员工的工资在当地很有竞争力，可是员工却普遍觉得不太公平。为此，老板决定花重金聘请一位新的CHO，以期系统解决相关问题。在众多候选人中，老板最终选择了A。因为企业很明显是薪酬管理出了问题，而这方面的工具比较成熟，所以A一开始并没太当回事，照搬了一些理论和工具，提出的薪酬改革计划看起来不错。老板出于对A专业性的认可，在内部会议上强调企业上下必须全力支持。结果真正开始实施的时候，A却一头雾水，虽然明知道问题主要是出在了薪酬的内部公平性上，但整个企业分为熔炉车间、拉管车间、制瓶车间、检验车间等几大部门，而且每个车间又设置了很多不同的岗位，几乎所有被调研的员工都觉得自己特别辛苦、特别重要。通过海氏三要素评估法进行调查的结果显示，各个岗位之间的差别并不明显。完全不像A所在的上一家互联网企业，不同部门和岗位的重要性一目了然。

案例分析

案例中，A 所在的前后两家企业有着根本性的不同：（1）行业及其特性不同。一个是互联网行业，一个是传统制造行业；前者更关注技术和模式创新，重在吸引和培养高素质人才，通过技术创新获得核心竞争力；而后者更关注人才的稳定供应，重在通过培训和人才梯队建设确保生产稳定。（2）企业生命周期不同。前者在创业初期，薪酬要更加灵活，重点向核心人才倾斜；后者在成长期，薪酬要更加规范，无论员工还是管理层，都应重视内部公平性和保持薪酬的外部竞争力。（3）员工的群体特征差异很大。前者以知识型员工为主，后者以体力劳动者居多。

虽然说人力资源管理的原则和工具有通用性，但不同的行业、不同的企业，甚至同一家企业在不同的时期，都会在具体适用过程中存在差异。没有调查就没有发言权。A 不深入一线，不花时间详细了解业务，光靠工具是解决不了问题的。

本节观点

卓越 CHO 的一个基本的工作导向就是要贴近业务，努力成为业务部门的合作伙伴。因为他们很清楚，人力资源部本身并不直接创造利润，只有始终坚持围绕企业战略的大方向，通过有效服务和赋能业务，人力资源工作才更有价值，也才能得到企业的认可和员工的尊重。而要深刻理解业务，一方面必须先从部门本位主义的束缚中跳脱出来，比如案例中如何运用恰当的工具对岗位进行评估，毫无疑问 HR 是专家，但评估的准确性又取决于其他部门提供的信息质量；另一方面还要从单个业务环节的信息中跳脱出来，综合考虑各个业务环节的情况，这也是经历过多岗位历练的人，往往更具全局视野的原因。

2. 张冠李戴

案例回顾

A 原来一直在某地产企业工作，从人力资源基层岗位做起，最终成为集团的 CHO。企业受地产行业整体下行的影响，加之经营又比较冒进，最终资金链断裂濒临破产。A 很无奈，只能另谋出路，最终跳槽到了某物业企业工作。上任之后，为了争表现，A 工作热情非常高，试图通过一些重大的人事改革来巩固自己的位置，但他却保持着之前在地产行业的工作习惯和管理方法。

A 在地产企业工作时，曾经借鉴碧桂园的"同心共创计划"搞了一套内部合伙人制度，当时效果很好，所以他认为内部合伙人制度能让员工与企业实现风险共担、收益共享，一定可以更好地激发员工的积极性和主动性。于是，他一到物业企业就极力推动在总部和城市企业实行内部合伙人制度，要求核心骨干进行跟投，但没想到由于薪酬水平低，员工普遍反映跟投压力太大，加之这家企业的市场化程度低，员工接受新鲜事物比较困难，以至于内部合伙人制度被员工集体排斥甚至误解，最终被迫搁浅。

案例分析

　　案例中，A 把在原地产企业行之有效的制度，直接复制到现在工作的物业企业，却忽视了制度适用的内外部环境。要知道项目跟投最早出现在风险投资行业，因为投资团队在项目的甄选、尽调、运作过程中起到至关重要的作用，为了使项目盈亏与投资团队的收益直接挂钩，所以要求投资团队，特别是项目核心管理人员必须按一定比例出资。项目跟投本质上是一种中长期激励与约束机制。客观来说，在地产行业项目跟投是比较常见的，但并不适用于所有地产企业。相对来说，那些追求规模快速扩张、区域企业自主性强、项目周转很快的企业更适合这种制度。物业企业比较传统，往往总部权力比较集中、项目运营通常比较稳定，加上人员流动性很大，所以不太适合采用跟投制度。

卓越 CHO 深知，管理学中的权变理论已经深刻揭示了管理无定式的基本原则，没有任何一种管理制度是放之四海而皆准的。企业之间的情况各有不同，同一家企业的内外部环境也是不断变化的，因此管理的策略、方式和手段，往往需要因时、因地、因人而异。CHO 不会过多地拘泥于以往的成功经验，在赛道或平台更换之后，会重新审视自己曾经的管理方式，积极学习新知识，及时总结经验教训，努力让自身的管理具备弹性，从而在面对不同的情境时做到随机应变。

3. 理所当然

案例回顾

某投资集团新成立一家私募股权基金公司，为了快速组建队伍，特意将一家头部基金公司的人力资源部总经理 A 挖来担任 CHO。A 在基金行业资历深，对成熟基金公司的运作也非常熟悉，上任之后立马参照私募基金的常规打法，规划了一揽子的人力资源工作。尤其是他深知私募股权基金需要资产、资金两手抓才行，于是广罗投资端和财富端的人才。仅仅用了不到半年的时间，公司的核心团队就基本配置到位，项目储备和资金募集都初见成效。

在公司成立半年的总结会上，A自认为工作业绩比较突出，应该能得到集团领导的表扬，没想到会上董事长反而点名批评了人力资源部，认为人力资源部的工作离集团的要求差距较大。A听完感觉很委屈，毕竟相比其他新私募基金公司的组建速度，现在这样的工作效率已经算很高了，怎么董事长还是不满意呢？后来经人指点，A才反应过来，集团自身的投资能力很强，从整体布局来说，集团更看重私募基金公司的募资能力。因此，财富端的人才招聘应当摆在更突出的位置。

案例分析

案例中，A遵循行业惯例，围绕财富和资金两端的人才同时发力，而且在短时间内将核心团队配置到位。这样的表现如果放在绝大多数私募基金公司，都毫无疑问是正确且高效的，因此受到表扬理所当然。但是，他所在的集团对基金公司的业务定位恰恰有所不同，更希望充分发挥募资的功能。如果A一开始就充分理解真实的业务需求，把精力用于资金端人才的招募上，从集团的整体利益来说，必然是价值更大的。换个角度来说，在案例中，同样是现有的财富团队和募资规模，如果把募到的钱交给集团的投资团队，大概率投资收益更高，但公司还额外付出了很大成本在新组建的投资团队上，也是一种变相浪费。

🖊 本节观点

    卓越 CHO 深知"到什么山上唱什么歌"的重要性。行业经验毫无疑问是有用的，但同一个行业内不同企业的战略、文化甚至盈利模式都可能不同。脱离了企业的实际情况，盲目地坚持所谓行业的惯例或规律，其实是很不负责任的。CHO 身居高位，就要求他们善于利用对行业的深刻理解和过往经验，同时必须结合企业的业务情况具体问题具体分析。三支柱模型已经充分揭示了人力资源与业务连接的重要性，大量的 HRBP 岗位应运而生。CHO 要学业务、懂业务，扮演好业务合作伙伴的角色。

（二）业务思维的具体内涵

　　业务思维通俗来说就是以业务为导向的思维方式，核心是要求 HR 从业务的角度出发进行人力资源相关的决策。需要特别强调的是，这里的业务并不单纯指市场、销售、利润、产品，而是一种更广视野、更全局性的概念，所以不能简单地把业务思维理解成客户思维或者市场思维。HR 只有做到了懂行业、懂企业、懂产品，并且深刻理解人力资源工作与企业全局之间的逻辑关系，才称得上真正具备业务思维。

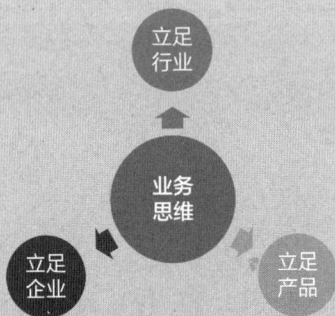

1.立足行业

不同行业的 HR 所采取的管理方法甚至是管理理念会有较大的差异，HR 只有遵循本行业的内在规律，顺应本行业的发展趋势，才能更好地发挥价值。

熟悉行业的历史

要真正了解一个行业，就必须考察它的历史。以信托业为例，很多新入行的人都特别不理解，作为金融业中仅次于银行的第二大行业，也是正规并稀缺的金融持牌机构，为什么监管要求那么严格，动不动就来个"窗口指导"，以至于很多业务干着干着就被叫停了，或者干着干着就变样了。如果了解完信托业的历史，你就会发现原来这个行业自 1979 年诞生以来，前后经历过六次大的全国性清理整顿，甚至被贴上了金融业"坏孩子"的标签。HR 只有明白了这一点，才能更深刻地理解合规部门、合规人才，以及全员的风控意识对信托企业的重要性。

尊重行业的特性

首先，要从行业的类型归属去把握其特性，比如行业的竞争状况、生命周期、要素集约度、技术先进程度、与经济周期的关系等。不同的行业类型中劳动力市场的供需状况、对人才的素质要求等差别很大。其次，要从行业的价值链去把握其特性，在这个链条上能够清晰地看到本行业价值产生、增值、分配的具体流程，有助于深刻理解整个行业上下游的关系，引导企业将其价值链向高利润区进行延伸，以获取更强的盈利能力。以餐饮行业为例，我们也会很明显地发现，本来处于下游的大型餐饮企业，通常都会往产业链的中上游延伸，以确保成本更低和产品安全。

考量行业的主体

对行业的主体分析包括三个方面：第一，经营主体，要积极主动向本行业的标杆企业学习，学习它们的优秀管理理念、方法和经验，并结合本企业的实际情况进行借鉴；第二，消费主体，要充分了解行业所面对的客户群体，了解他们的消费需求、统计学特征和消费行为等，进而思考人力资源工作如何更好地提供客户价值；第三，从业主体，要全面了解本行业工作者的总体特征，比如年龄结构、受教育程度、薪酬水平、职业稳定性、发展潜力等，只有深入了解了这些内容，才能更好地采取有针对性的管理措施。

2. 立足企业

在同一个行业中，不同的企业也有不同的做法。CHO在读懂行业之后，还要认真读懂企业，从业务的角度出发可以有很多剖析维度，以下三个方面值得重点关注。

符合企业的商业逻辑

很多相近的概念都在一定程度上揭示了企业的商业逻辑，比如盈利模式、商业模式、价值主张等。这里不必过多纠结严格的定义，可以把商业逻辑简单理解为跟同行相比，企业在经营策略上有什么差异。比如，同样是公考行业的知名机构，我们会发现几家代表性企业的商业逻辑完全不同：有的靠对师资的标准化来降低用工成本；有的靠高质量的教研来主打名师效应；有的靠低客单价进行线上服务；有的靠高客单价实行精品班模式；有的靠关键渠道提供稳定的生源。不同的商业逻辑，组织架构和人才配置完全不同。

适应企业的业务策略

关于业务策略，至少要关注两点：一是主营业务，即在企业的经营范围中，哪类业务贡献了主要收入和利润来源。以信托行业为例，各家企业的经营范围基本没有太大的差别，但主营业务却有明显差异，有的以通道类业务为主，有的以主动管理类业务为主，还有的以事务型的被动管理类业务为主。通道类业务靠的是信托牌照的红利，而主动管理类业务靠的是专业能力。二是业务组合。业务多元化因为有助于分散风险、整合资源、寻找新的增长点，成为企业经营的常态，但由于组合的策略不同，对非核心业务的定位也有差别，相应的资源投入和组织、人员管理也完全不同。另外，需要特别注意的是，业务策略不一定是一成不变的，往往在不同的发展时期，要结合市场变化进行调整。

规避企业的业务风险

从业务角度来说，企业面临一系列的经营风险，比如生产风险、品质风险、安全风险、政策风险，以及相应的财务风险、声誉风险等。HR 在分析和解决问题时，一定要高度关注业务中可能存在的风险，并尽可能采取措施来化解风险。比如，某咨询服务企业业务量突然快速增加，这原本是件好事，毕竟生意好了赚钱多。但顾客要等很久才能排上号，并且员工长时间讲解很累，客户满意度也因此大幅下滑。虽然有很多解决办法，但作为 CHO，迫切需要考虑人力资源配置的合理性，以及通过何种方式来解决当前的矛盾，从而降低业务风险，保障企业的平稳健康发展。

3. 立足产品

产品是企业生存的根本，对企业之间的竞争至关重要。CHO要想把工作做到位，就一定要懂产品。

契合产品的创造过程

一方面是有形的过程，即最核心的产品生产流程、服务提供过程，往往直接决定了部门和岗位的划分，搞清楚这些，才能更好地把握各个部门或岗位的工作内容。这是做好工作分析（Job Analysis）的前提，而工作分析又是整个人力资源管理工作的基础。另一方面是无形的过程，即放大到从设计、采购、制造到销售等的价值创造过程，实际上揭示了产品的价值链，以及产品的成本结构。了解这个过程，有助于把握关键的控制点，通过做好组织和人员管理来提高利润、降低风险。

夯实产品的比较优势

即便是在移动通信这样相对垄断的行业，几大运营商之间的竞争也比较激烈，而在传统的竞争性行业，同业竞争更加白热化。任何一家企业想要立得住、活得好，其产品必须有一定的优势，否则，同质化严重，可替代性也就越强。这种优势如果相对稳定，就会成为企业的核心竞争力。当然，这里的产品是个综合的概念，是提供给客户的全部价值，包括产品的功能、价格、质量、便利性、品牌价值，以及消费体验等。对企业的人力资源工作来说，一个特别重要的任务就是从人才及其管理上巩固这种比较优势。

（三）如何培养业务思维

　　尽管企业利润最大化的实现需要所有部门的共同努力，但利润创造是直接由业务部门的工作体现出来的，所以不仅仅是人力部门，其实职能部门也应以终为始，以服务业务为导向。然而，清楚要做和能够做到是两回事，缩小二者差距最关键的是要在实践中不断培养、不断强化业务思维。以下几个要领能够很好地帮助大家训练业务思维：价值认同、三多训练、意见征集、善用工具。

1. 价值认同

不会有 HR 犯傻或者狂妄到说业务部门、业务团队不重要，但要培养业务思维，应当在思想上高度认同业务部门、业务团队的重要性和优先性。充分理解这一点，也有助于创建一种支持性和包容性的文化。

从功能上认同

业务部门更关注外部市场和客户，而职能部门更关注内部运营和管理。虽然部分职能工作现在可以外包，但对一个相对正规的企业来说，业务部门和职能部门都不可或缺。

从数据上认同

从财务数据和经营数据去看，可以发现哪些部门在赚钱，哪些部门在花钱。很明显，业务部门是收入和利润的直接创造部门，而人力资源部和其他职能部门更多是成本部门。

从优势上认同

首先，善于发现业务部门和业务人员的优势，这样可以在跨部门合作中更好地利用这些优势，提高整体工作效率；其次，相比职能部门，通常业务部门和业务人员承担着更大的考核压力。

2. 三多训练

天天坐在办公室，看材料、听汇报，不下现场亲身感受，是很难真正充分理解业务的。闭门造车写出来的方案、规划，也很容易跟业务实际需求对不上。

多看

一是要看现场，即深入一线实地考察，观察工作流程、员工行为、环境布局等，获取第一手信息。通过现场观察，可以更直观地了解业务的实际运作情况和存在的问题。二是要看资料，即阅读相关的报告和业务资料，了解业务的历史背景、现状和发展趋势。分析资料中的关键指标和趋势，为决策提供依据。

多听

一是听介绍，即参加会议或培训，听取业务部门的同事或专家对业务的介绍，获取专业知识和见解。通过听介绍，可以快速了解业务的基本情况和主要特点。二是听信息，即收集来自不同渠道的信息，包括员工反馈、客户意见、市场动态等。通过倾听不同角度的声音，可以更全面地理解业务环境和需求。

多讲

一是主动讲，即对其他人宣介企业的业务和产品，帮助他们加深对业务的理解，同时自身通过不断地讲述，可以加深对业务的理解。二是被动讲，即多参与关于业务的讨论，通过提出问题、分享见解、讨论解决方案，来促进业务知识和经验的积累。

3. 意见征集

人力资源对业务而言有两大核心价值：服务业务发展和管控业务风险。因此，一方面，需要与业务部门多沟通交流，及时了解并发现工作中存在的问题；另一方面，在定规则、出方案的时候，要充分考虑业务部门的意见，确保决策更加科学。

问题反馈型

人力部门要确保对反馈问题的描述准确无误，避免出现偏差。问题反馈应当及时、迅速，以便企业和相关部门能够尽快采取措施。为此，首先，要综合使用观察、访谈、数据分析等方法识别问题；其次，要建立畅通的问题反馈渠道，包括线上线下的、正式非正式的，特别是内部的线上反馈系统和定期的正式会议在实践中更为重要；再次，要对问题按照性质、影响、范围等进行分类；最后，要跟踪问题的处理进度，确保问题得到有效解决。

决策参考型

HR 在做管理决策时，要将业务发展的要求和业务部门的意见纳入考虑范畴，不能太主观、太仓促、太随意。决策参考信息的质量，直接决定了决策质量。因此，人力部门在收集信息时应努力保持客观、全面、完整，避免主观偏见的干扰。实践过程中，CHO 在决策之前，应当首先明确决策需要哪些信息，并了解信息的来源、信息提供者的偏好，以及信息传递的过程和干扰因素等。

4. 善用工具

业务思维的修炼并不是一件容易的事情，尤其是对于非业务出身的 HR 来说。一些成熟的理论工具，能够很好地帮助我们建立起分析框架，比较有代表性的诸如五力模型、商业画布、六个盒子、价值链分析模型等。

五力模型

五力模型，又称波特五力模型或五种竞争力分析模型，由迈克尔·波特（Michael Porter）于 1979 年提出，是一种用于分析某个行业基本竞争态势的工具。五种力量分别是买方议价能力、卖方议价能力、新进入者的威胁、替代品的威胁及同业竞争的激烈程度。

商业画布

商业画布，又称商业模式画布，由亚历山大·奥斯特瓦德（Alexander Osterwalder）于 2008 年提出，是一种用于梳理企业的商业模式和评估商业模式的工具。商业画布由 9 大模块组成，具体包括客户细分、价值主张、渠道、客户关系、收入流、核心资源、关键业务活动、成本结构和重要合作伙伴。

在工具使用过程中，我们首先要通过客户细分确定目标客户，再厘清他们的需求和企业的价值主张，分析如何能够接触客户，怎么让客户付款和具体收入的来源（收入流），凭借哪些核心资源和什么关键业务活动才能盈利，能向你伸出援手的人（合伙人），以及成本结构和定价。

六个盒子

六个盒子，也称韦斯伯德六盒模型，由马文·韦斯伯德（Marvin Weisbord）于1976年提出，是一种从组织内部视角进行诊断和持续检视业务实现过程的工具。六个盒子实际上也是诊断的六个维度，分别是使命／目标、结构／组织、关系／流程、奖励／激励、支持／工具、管理／领导。

价值链分析模型

价值链分析模型，由迈克尔·波特于1985年首次提出，是一种分析企业内部经营活动价值产生的工具。它把企业内外价值增加的活动分为基本活动和支持性活动，基本活动涉及企业生产、销售、进料后勤、发货后勤、售后服务；支持性活动涉及人事、财务、计划、研究与开发、采购等，基本活动和支持性活动构成了企业的价值链。

不懂业务的 HR

是不负责任的 HR，

而且职级越高危害越大。

CHAPTER 3

| 第三章 |

财务思维

（一）缺乏财务思维的常见错误

　　干人力资源工作一定要拥有财务思维，因为财务思维能够帮助 HR 从经济角度出发，做出更加理性、务实的决策。财务思维的核心在于能够从投入产出的角度思考人力资源管理活动的价值，确保人力资源决策的质量。然而，在企业实践中，一些 HR 因为没有财务基础或相关训练，往往缺乏财务思维，以至于好心办坏事或者捡了芝麻丢了西瓜，闹了不少笑话。

1. 不算大账

　　某中型民营地产企业虽然品牌影响力和开发能力都不是很强，但董事会认为要抢抓机遇，所以年初给经营管理团队定了很高的业绩目标。在董事会的高压之下，总裁要求必须加强对内的奖励，全面激发员工的工作积极性和主动性。结果CHO为了好好表现，带领人力资源部在原来项目分红奖的基础上又制订了项目超额利润分享计划；会同市场部提高了市拓奖励的水平，发布了全员营销奖励计划；会同销售部进一步扩大了业绩奖励的范围；会同财务部出台了项目融资奖；会同运营管理中心出台了成本节约奖；为了满足新项目建设所需的人才需求，还出台了专项人才招募奖……奖励遍地开花，高达十几种。刚开始员工还充满期待，工作积极性高涨，然而，没过多久，问题就暴露出来了。因为除了奖励种类繁多，计算和分配比较复杂，以至于不能及时兑现，企业还发现奖励太多，导致项目到最后很难有利润。

案例分析

　　案例中，奖励制度改革的初衷是为了激励员工更好地完成业绩，但奖励是一把双刃剑，奖得好能够激励人，奖得不好反而花了钱又不招员工待见。该企业推行奖励多元化、提高奖励水平，本身都没有问题，体现了对员工不同方面贡献的认可，以及展示出企业愿意收益共享的大度。但问题是 CHO 犯了不算大账的毛病，事先没有考虑总的奖金额度，导致过度奖励，而且因为名目繁多、计算复杂、延迟支付又被解读为不诚信。这样的操作真是"赔了夫人又折兵"，企业费了劲、出了钱反而让士气和业绩更差。俗话说"不能兑现的诺言不要说"，其实"不能兑现的奖励不如不奖"。

本节观点

卓越 CHO 非常清楚奖金的实施要符合几个基本原则：第一，在性质上要合理，奖金本质上是对超额利润的分享，与绩效工资更关注个人业绩不同，意在引导员工聚焦组织的整体目标，同时也要求被奖励的对象一定是为企业做出了特别贡献的人；第二，在数量上要适度，太少了员工没有积极性，太多了企业承受不了，也不可持续；第三，在节奏上要及时，否则奖励的效果就要打折扣了，甚至会挫伤员工的积极性；第四，在形式上要公开，因为奖金本身除了想表扬获奖者，更重要的是发挥榜样的示范效应。

2. 不算细账

在新冠疫情的影响下，某企业面临较大的经营压力，光人工成本一项每个月就高达上亿元。为此，企业的 CHO 提出一项调整绩效工资比例的方案，明确将高管的薪酬固浮比由 5:5 调整成 4:6，将其他管理人员的薪酬固浮比由 6:4 调整成 5:5，将一线员工的薪酬固浮比由 9:1 调整成 8:2，旨在通过这种调整来降低每月支出的人工成本，同时提高员工的工作积极性。该方案实施后，确实每个月企业的现金支付少了一百多万元，但企业业绩却下滑得更厉害了，而且两个重要产业园区的一线工人离职率突然升高，稳生产的压力特别大。

案例分析

案例中，CHO 的本意是好的，想通过调高绩效工资的占比调动员工的积极性，激发员工的潜能，在提高企业效益的同时缓解现金流的压力，帮助企业渡过难关。殊不知每月节约下来的一百多万元（实际上这笔钱不一定能省下来，只不过是纳入绩效工资暂缓发放了），却动了整个企业上千人的奶酪，大家不满意、不配合也属正常。首先，绩效工资比例的提高可能会让员工感受到更大的工作压力。这可能会导致员工产生焦虑和不安，从而影响他们的工作效率和质量。其次，在疫情影响下，员工本就战战兢兢，这时企业又发布这样的方案，不禁让人浮想联翩："企业是不是快撑不下去了？我要不要提前找别的出路？"由此带来的效率损失成本更是该 CHO 万万没有想到的。

✒ 本节观点

卓越 CHO 会认真评估每一项工资的集体调整计划，他们深知工资是非常刚性的，因为固浮比的调整表面上看没有改变个人的工资总额，但由于绩效结果的不确定性，所以变相降低了短期的收入水平，要特别谨慎。对于高级别的管理者来说，浮动部分的比例增加，对他们当期的影响相对较小，而且如果考核指标比较容易完成，还可能拿得比之前更多。可是对于收入水平低的中基层员工来说，固定部分的比例降低，会直接影响他们的生活，所以他们对工资总额和工资结构的调整非常敏感。因此，对涉及批量人员的工资调整，一定要算细账，看看变动的总额、比例、结构、分布等，以及受影响人员的情况等，再评估方案的合理性。

3. 不问财务

某企业是一家从事软件开发的非上市企业，经过十多年的发展，已经逐步成为技术和研发实力遥遥领先、网点遍布全国20多个城市、在细分行业非常知名的企业，本来经营非常平稳，但一些新入行的企业搅局、挖该企业的墙脚，导致各个条线都流失了不少骨干人才，给企业造成不小的冲击。为了尽快稳住人才的基本盘，该企业的总裁要求人力资源部拿出专项人才激励方案。于是CHO亲自带领人力资源部的同事，加班加点设计出一套股权激励方案，自信满满地提交经营班子讨论，没想到在会上被财务总监发现硬伤。方案完全没有考虑要进行税务筹划，以至于绝大多数被激励的对象在行权时要缴纳高额税费，势必难以达到预想的激励效果。总裁非常生气，将CHO和人力资源部经理劈头盖脸一顿猛批。

案例分析

案例中，股权激励方案本意是让骨干人员多获得回报，但却因为没有跟财务部门充分沟通，忽略了税务筹划的问题。根据财税〔2016〕101号文件规定，非上市企业授予本企业员工的股票期权、股权期权、限制性股票和股权奖励，符合规定条件的，经向主管税务机关备案，可实行递延纳税政策，即员工在取得股权激励时可暂不纳税，递延至转让该股权时纳税。想要享受递延纳税，就要同时满足文件中规定的7个条件，稍有不慎，被激励者都要面临缴纳高额税款的风险，即行权时按照工资、薪金所得3%～45%的超额累进税率缴纳个人所得税，这给被激励者造成了财务负担。如果真的实施，肯定会引发大家的不满，CHO挨批也在情理之中。

本节观点

卓越CHO一定会非常重视跨部门协作与沟通。除了日常的例行工作，像股权激励这样一项复杂的大工程，众多因素都关乎计划的成败。因此，CHO在前期需要与财务部、法务部等相关部门密切沟通，认真谋划。尤其是财务部跟人力资源部的工作联系可以说是最为紧密的，几乎人力资源规划、职位管理、招聘配置、培训教育、绩效考核、薪酬福利、劳动关系等每一项工作都跟财务部相关，但两个部门的关系又非常微妙，所以更需要妥善处理。

（二）财务思维的具体内涵

  财务思维在企业运营、决策制定、产品开发、市场营销等多个层面都扮演着关键角色，可通过优化成本结构、提高效率、减少浪费、提升价值等手段，实现企业资源的有效利用，从而提高盈利能力。由于人力资源的能动性，本书中提及的成本不仅包括财务方面的直接和间接成本，还包括非经济账，即由于员工心理波动带来的效率损失。考虑到应当从整体经营的角度思考人力资源管理的状态、效率，以及风险，本书还参考财务分析驾驶舱，创造性地提出了 CHO 驾驶舱的概念。

1. 直接成本

成本总额

从算大账的角度看，HR 一定要搞清楚特定事项（比如举办一场培训活动）、特定时间段（比如一年）、特定的实施方案（比如薪酬改革方案）到底花了多少钱或者将要花多少钱，所以成本总额这个概念就显得非常重要。这是评估投入产出最重要的基础数据之一。需要注意的是，成本总额不仅包括纯粹人力资源选用预留的费用，还包括其他相关的费用，比如组织一场招聘会，除了场地费、物料费，还有招聘人员的工资成本，以及可能的差旅费、中介服务费等。

成本结构

从算细账的角度看，一定要搞清楚成本总额的内部结构。实践当中有很多划分标准，比如人工成本按性质不同可以分为人员工资、社保费、福利费、培训费、劳保费、工会费等；按成本是否可变，能看出哪些是固定成本，哪些是可变成本；按组织规模大小，能看出不同产业板块、不同下属企业、不同部门、不同团队的成本情况；按时间长短，能看出不同年度／季度／月度、不同任期、不同周期的成本分布；还可以按区域、对象进行划分。

成本比较

在判断人力成本的高低或评价人力成本管理的质量时，除了静态的成本总额、成本结构，还要从多角度进行动态的比较分析。最常见的如纵向和横向的比较分析：纵向维度是企业当期和历史状况进行比较，可以借助同比、环比比率，清楚地比较自身的人力成本管控质量有没有提高或下降。横向维度是企业与同行业的其他企业（行业标杆、竞争对手等）进行比较，来评价本企业与同行相比人力成本管理质量的优劣。当然，成本比较是个综合的概念，还有很多比较维度，比如人工成本在总成本中的比重、预算成本和实际成本的比较、内部不同部门／单位的比较等。

2. 间接成本

机会成本

以脱岗培训为例，大多数人都知道在培训期间企业需要支付参训员工的工资、培训的师资费用、培训材料费、场地与设施费用等，却少有人考虑到员工脱岗培训的机会成本，即员工如果不参加培训，投入工作本可以产生一定的价值，而企业为了让员工参与培训，不得不放弃员工的这部分价值。由于机会成本看起来并没有单独耗费企业的财物，所以很容易被管理人员忽略。

替代成本

在离职沟通时，HR 一定要考虑员工离职后重新招聘新人要耗费的时间成本，录用新员工会产生额外的行政管理成本，在接任者补充到该岗位之前，岗位空缺也会给企业造成一定的损失，以及由于该岗位的接任者可能能力或经验不足造成生产效率达不到原岗位水平，也会使企业造成损失。如果离职员工是企业的核心或敏感职位员工，企业还要面临商业机密外泄、客户资源流失、其他员工跳槽等更大的风险。只有对上述替代成本做到心中有数，才能更好地把握在离职面谈时采取的谈判策略。

3. 效率成本

效率成本即效率损失成本，是指受到具体人力资源决策带来的影响，员工心态和行为发生变化，导致其生产效率降低所造成的损失。尽管效率降低而导致的损失，并没有实际发生财务上的支出，但可以大概估算，比如计时工资中用实际工时与标准工时的差，乘以平均每小时产生的产品价值或服务价值即可。

对个体的影响

某些具体的方案甚至执行过程，比如薪酬调整方案或具体的调薪沟通过程，如果"伤了员工的心"，会让员工对组织的满意度、忠诚度降低，影响工作积极性和工作效率，严重时还会引起员工的强烈不满甚至离职。

对团队的影响

以不恰当的考核机制为例，其可能会导致团队内部成员之间的恶性竞争，让大家把精力都用于互相提防、互相猜忌、互相牵制、互相算计，没有了团队精神，也缺乏团结协作，导致整个团队的工作效率低下，工作进展缓慢，也必定会影响企业人才队伍的稳定，给企业发展带来难以估量的损失。

4. 投入产出

财务思维的核心就是计算人力资源的投入产出，即把人力成本投入看作价值投资，考虑投入与回报的关系。虽然人力资源部是成本部门，但财务思维要求我们不能单纯地计较人力成本的多少，因为人力成本管控本质上是一门花钱的艺术，而不是节约的技巧。构建财务思维的最终目的不是一味地减少人力成本的投入，而是争取更多的业绩产出。实践当中，我们通常用人力资源效率指标来反映人力资源投入和产出的对比情况，比如全员劳动生产率、人均销售收入、人均净利润、万元工资销售收入、万元工资净利润、万元人工成本净利润等。

5. CHO 驾驶舱

仿效财务分析管理驾驶舱，也可以为人力资源负责人搭建专属的 CHO 驾驶舱，以便及时、准确地判断企业人力资源管理的状态、效率。它就像汽车或飞机的仪表盘，能够随时显示企业人力资源运行的关键指标，直观地监测企业人力资源管理的情况。CHO 驾驶舱可以分为战略指标、运营指标和潜能指标三个层次，每一层又包含若干更具体的指标。

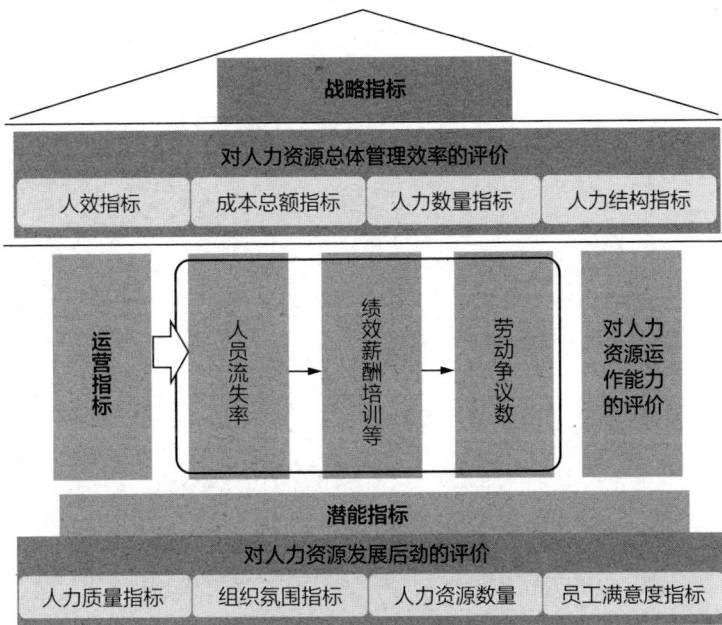

战略指标			
对人力资源总体管理效率的评价			
人效指标	成本总额指标	人力数量指标	人力结构指标

运营指标	人员流失率	绩效薪酬培训等	劳动争议数	对人力资源运作能力的评价

潜能指标			
对人力资源发展后劲的评价			
人力质量指标	组织氛围指标	人力资源数量	员工满意度指标

CHO 驾驶舱示意图

需要注意的是，CHO 驾驶舱虽然能很方便、很直观地展示各种人力资源的数据指标，但它并不会告诉我们这些指标是如何相互联系、相互影响的，还需要人力资源负责人去判断到底有没有出现紧急或异常情况，以及需要采取哪些干预措施才能让企业恢复正常。

（三）如何培养财务思维

　　培养财务思维要避免两大误区：首先，财务思维并不是说要将目光放在每笔活动支出、每笔薪酬发放上，那未免太过小家子气，也容易忽略人力资源活动的长期效益。平衡短期效益和长期效益，才更能体现管理者的水平；其次，培养这种思维并不是说要把财务管理的专业知识学得多精通，而是要有意识地用数据、投入产出、财务部门来辅助决策。

1. 数据说话

　　财务人员对数据很敏感，这是搞好财务工作的基础，也是很多 HR 比较薄弱的方面。培养财务思维，先要学会用数据说话，少一点抽象的、定性的评价，多用一些恰当的指标和精准的数据来帮助分析。例如在人力资源规划方面，可以用人员结构、数量等数据反映企业静态的员工状况；用人员流失率、新进率、留存率等数据揭示企业员工的流动情况。在招聘与培训方面，可以借助面试参与率、通过率、入职率、招聘周期、渠道费用比较、人均招聘成本等数据评价企业的招聘效率；用培训覆盖率、培训费总额、人均培训费、培训合格率等反映企业培训的总体情况。在绩效与薪酬方面，可以参考绩效分数、排名、合格率、薪酬水平、薪酬总额、薪酬结构等数据。在劳动关系方面，员工投诉率、员工满意度、劳动争议数量等都是比较关键的数据。

2. 刨根问底

算人力资源的账不能马马虎虎、模糊不清，既要算全，又要算细，所以培养财务思维就得刨根问底，核心是三个追问：第一，直接成本算清楚了吗？因为算直接成本最怕有漏项。第二，间接成本考虑了吗？因为机会成本和替代成本很容易被忽略。第三，长期的投入产出想明白了吗？因为很多时候人力资源从投入到产出有个过程，比如对员工进行培训，往往并不能立马提高生产效率。

3. 协同财务

首先，人力资源部需要的很多基础数据只有财务部门才能提供，而且对于关键的经营数据也必须与财务部门确认，以免出错。比如在进行组织绩效考核和个人绩效考核时，都需要以财务部门的最终数据为准。其次，财务部门由于具有专业优势，往往算得更准，比如在编制人力成本预算时，财务部门对历史数据的核算和分析更准确，对未来的经营预测也更擅长，另外，对于税法、补贴政策等了解得更全面透彻。

4. 综合评估

先算经济账

经济账比较容易算，只要数据准确、全面，就能够搞清楚投入产出的数值。有了结果之后，就要做判断和决策。最重要的判断就是：这个钱花掉或者省下来值得吗？比如，HR 为了留住某位年薪 100 万元却想辞职的技术骨干，建议企业给对方涨薪 10%，相当于每年多花了 10 万元，但是如果这位技术骨干真的走了，重新通过猎头招聘一位同量级的技术人才，即便薪酬还是 100 万元，但按市场行情额外要付的猎头费也得 20 万～35 万元。这样简单算下来，不考虑其他因素，要付的猎头费相当于原来的技术骨干继续在企业干两三年企业所要付出的成本了。

再算非经济账

非经济账往往很难准确衡量，但是可以做大的估算和价值判断。曾经有一家民营企业的创始人，因为年龄大了想退居二线，但子女不愿意接班，从外面引进职业经理人又信不过，于是在 CHO 的建议下组织了一次声势浩大的内部竞聘。结果接班人倒是选出来了，是原来的一位副总裁，但没多久其他两位参选的候选人，也是原来的副总裁就辞职了。企业损失惨重，老板也很郁闷，怪 CHO 给他出这样的馊主意。其实 CHO 在提出建议的时候，就应该想到可能会出现这样的问题。所以站在老板的角度，评估内部竞聘方案的时候，除了考虑费用方面的投入，还要考虑候选人败选后离职的成本。这属于大的估算。再比如有个降薪方案节约了人力成本，但容易引起员工对企业经营状况的担忧。如果老板不希望让员工有这方面的顾虑，那降的比例再大、省再多钱也不值得。

有更优方案吗

无论算经济账还是非经济账，我们的前提都是对特定的方案来说的，但是站在企业的角度，CHO 还必须考虑有无替代方案。替代方案可以是思路完全不同的方案，比如对空缺岗位的人员补充，内部竞聘或外部引进，全职招聘或柔性引进。替代方案还可以是同性质的，比如在具体的成本支出上，哪些方面是可以不花或者少花钱的，或者在解决方案的哪些具体细节上进行微调效果会更好。花钱多并不一定效果更好。那些花小钱、办大事的方案肯定是更讨老板喜欢的。之前有家企业考虑为入职满 10 年的员工颁发荣誉纪念奖，一开始设计的方案是纯物质奖励，后来改为适当的物质奖励外加邀请家属一同出席，结果不仅花的钱更少，员工还特别感动，在企业内外部的影响都非常好。

具有财务思维的
HR 才是合格的 HR。

CHAPTER 4

| 第四章 |

合规思维

（一）缺乏合规思维的常见错误

　　HR 对合规思维应该并不陌生，因为一旦操作违规，面临的不仅仅是员工的离职，企业经营业绩的下滑，更有可能承担声誉损害、高额赔偿甚至刑事处罚等后果。尽管《劳动合同法》颁布实施后劳动争议案件出现井喷，让企业经过了一轮洗礼，但现阶段企业劳动用工合规管理的形势依然非常严峻，甚至当有的员工提出少缴或不缴社保、少缴或不缴个税等这样看似"两全其美"的建议时，很多HR 都不清楚该如何选择。

1. 合规事小

某知名食品企业对劳动用工的合规性一直不太重视，为谋求顺利上市，CEO要求尽快解决社保和公积金缴纳等历史遗留问题。在正式向证监会提交申报材料之前，仍有数百名员工未缴社保。据CHO介绍，主要是两大人群：（1）员工处于试用期，转正有不确定性的；（2）因员工重视个人当期收入，对缴纳社保和公积金的认识相对不足自愿放弃的。CHO认为，过去大的历史包袱都解决了，现在没缴的就是新员工，以及自愿放弃的员工，都能说得过去，应该问题不大，而且因此省下来的这笔费用，在财务上增加了纯利润，反而有利于提高对股价的预期。没想到在正式审查时，因为社保缴纳不合规的问题，企业的申请被证监会驳回了。

案例分析

案例中，CHO认为处于试用期、自愿放弃的员工不缴纳社保，似乎从常理上可以说得过去，但要知道社会保险是强制缴纳的，不能因为劳动关系一方主体的意志，甚至双方的合意免除。另外，按照劳动法的规定，从员工入职的第一天开始，企业就应该为其缴纳各项社会保险，试用期也包含在劳动合同期限之内。而案例中企业为降低用工成本，长期忽视员工的社保合规问题。当然，这其中可能也有行业性因素，因为如果全员足额缴纳社保，必定会大幅降低经营利润，可能很多企业就活不下去了。从企业的长远发展来看，社保不合规存在重大潜在风险，尤其是出现案例中发生的情形，企业因为节省下的那些社保费用，导致上市受阻，就更加得不偿失了。

本节观点

卓越 CHO 深知随着劳动法律法规的完善，对人力资源管理的法律要求也越来越严格，加之劳动者权利意识的提升，必须高度重视用工风险，特别是对于法律有强制性规定的方面。比如案例中的社保问题，对企业来说不缴能增利，但对员工来说就影响了其正常享受养老、医疗等社保待遇。与此同时，只要欠缴，这种法律风险就一直存在，对企业来说是个"定时炸弹"，不仅员工真出现类似工伤、工亡事件后，企业需要承担巨额的赔偿，而且只要员工事后进行追讨，提起仲裁或诉讼，企业百分之百会败诉，所以该缴的钱一分都不能少。

2. 自觉委屈

案例回顾

A跳槽到某企业之后，与企业签的劳动合同约定月薪是税前50000元。入职后不久，A遇到困难，向人力资源部申请"合理避税"。这样企业并没有增加人工成本，但自己的税后收入能增加不少，能在一定程度上缓解经济压力。CHO考虑A确实遇到了困难，入职后的表现也不错，又是他自己提出来的，还不会增加成本，就同意了。最终人力资源部与A商定，原来的工资分成两部分，其中30000元继续通过工资正常发放，另外20000元则通过报销的方式给A。两年后，A与企业领导发生矛盾，最后一气之下辞职了。A事后心有怨恨，想着当初"合理避税"这事其实对企业来说是严重违规的，便以企业没有足额发放工资为由申请劳动仲裁，要求返还"应发未发"的工资。CHO知道后很是委屈，明明当初是为A着想，现在却被反咬一口，但如果和盘托出，那企业肯定要受处罚，一时间左右为难。

案例分析

案例中，所谓的"合理避税"实质上是为逃避国家税收披上"合理"的伪装，仍是一种违法行为。对企业来说，一方面，即便是员工主动申请的，但如果没有企业的配合，偷逃个人所得税的行为就没法实现；另一方面，通过报销的形式发工资不仅减少了员工应缴未缴的个税，而且员工变相交到企业的发票，就变为企业的成本票，从而减少了企业的所得税。按照相关法律规定，企业会被认定为偷税，可能会被追究行政责任甚至刑事责任。因此，HR 应当深刻认识到类似"合理避税"的严重危害。

本节观点

卓越 CHO 通常会用长远的眼光看待企业的人力资源工作，他们在做决策之前，一定会综合考虑各方面因素，不被一时的利益蒙蔽，尤其是涉及合规性的问题，他们会守住底线。当然，所谓底线并不是说完全排斥个人意志，因为法律法规本来就有强制性规定和任意性规定之分，前者必须遵守，不得违反，而后者允许当事人在一定范围内自行选择或约定。具体到人力资源领域，诸如案例中的及时足额发薪，以及前文提及的社保，都属于强制性规定，不能因为当事人自愿或申请，就可以变通执行。相反，诸如劳动合同的缔结，则属于任意性规定，签或者不签、内容怎么签，双方都可以充分协商，但这种任意性也不是绝对的，签订形式必须是书面合同，内容上必须符合最低工资、工时等劳动基准的要求。

3. 据理力争

案例回顾

A是一家民营集团二十年的老员工。五年前，所在集团为了拓展西藏地区的市场，急需委派一位熟悉业务又能吃苦的人过去挂帅，但由于高原环境恶劣而且要抛家舍业，所以很多人都不愿意去。最后A临危受命，而且几年下来，兢兢业业，成绩出众。然而，长时间在高原环境和高业绩压力下工作，A的身体逐渐出现了问题，加上家里老人身体不好，也需要照顾，于是离法定退休年龄还有三年的A想到了提前退休。他原以为自己二十年来为集团做了不少贡献，尤其是最近五年在西藏吃了不少苦，集团一定会同意的。没想到，他在CHO那里遭到了拒绝。双方为此吵得很厉害。A觉得特别寒心，而CHO则认为，凡事都得有规矩，从法律的角度企业没有义务同意，从管理的角度集团没有先例，而且一旦批准A提前退休，企业要承担不少费用，还可能引起连锁反应。消息传开之后，很多跟A一样在集团工作多年的老员工，都觉得企业太没有人情味了。

案例分析

案例中，虽然 A 因为身体不好和家庭原因申请提前退休，确实没有法律依据，而且要企业花钱白养一个员工三年，企业也没有这个义务，更何况一旦开了先例，后面可能会陆陆续续有其他老员工效仿，到时候人力资源部的工作就很难做了。从这个角度来说，CHO 拒绝 A 是可以理解的，但 A 的情况确实非常特殊，不仅扎根在集团兢兢业业工作了二十年，而且身体不好也与其被派驻高原地区工作五年有很大关系。人力资源部照章办事没错，但也该适当体恤员工，在合法合规的基础上如果能适当放宽政策，或许会带来不一样的效果。

本节观点

卓越 CHO 明白法律无外乎天理人情。尤其是对人的管理，一定是"情理法"的结合，因为人是感性的。"法"，即法律，是底线，更多体现为对劳动者权益的保护；"情"，即人情，是最高的要求，体现为对劳动者心理的满足；"理"，即道理、事理，居于法和情中间，体现为对劳资双方利益的平衡。因此，在人力资源管理实践中，不能全靠冰冷的制度，很多问题的处理虽然在合规性上没问题，但是于情不符或者于理不合，结果就注定不会好。解决人的问题，就要用人性化的方式，既要讲规矩，也要讲情感、讲道理，这样结果才会更好。

（二）合规思维的具体内涵

　　狭义的合规思维更强调外部的、有形的制度文件和强制性规范，尤其是劳动法律法规。这是人力资源管理合规的核心内容，如果这方面出了问题，经济损失和声誉损失是难免的，搞不好还要承担行政责任甚至刑事责任。广义的合规思维除了法律法规，还将企业内部的劳动规章制度，以及无形的企业惯例，纳入考量的范围。因为合规的终极目的，是让业务健康发展，人心安定团结，所以人力资源管理合规，必须是"情理法"的统一。

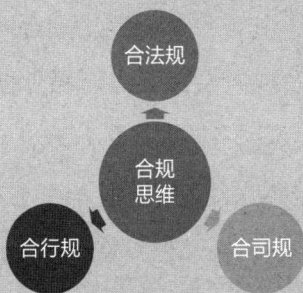

合法规

合规思维

合行规　合司规

1. 合法规

此处所说的法规，即与企业人力资源管理活动相关的全部法律法规。从层次上看，包括了现行有效的法律、行政法规、司法解释、地方性规章等；从内容上看，既包括了劳动关系方面的法律法规，还涉及一部分企业运营管理、财务税收、市场监管、节假日管理等其他相关方面的法律法规。

法规的体系

在与人力资源管理相关的全部法规当中，最核心且最重要的是涵盖劳动关系建立、维护、变更和终止等全过程的一整套劳动法律体系。首先处于最高层级的是由全国人大及其常委会制定的基本法律，如《劳动法》《劳动合同法》《劳动争议调解仲裁法》《工会法》《社会保险法》《就业促进法》《妇女权益保障法》等；其次是国务院颁布的行政法规，如《劳动合同法实施条例》《国务院关于完善企业职工基本养老保险制度的决定》《工伤保险条例》《劳动保障监察条例》《女职工劳动保护特别规定》《职工带薪年休假条例》《全国年节及纪念日放假办法》；再次是人力资源和社会保障部颁布的部门规章，如《工资支付暂行规定》《工伤认定办法》，以及省级人大及其常委会或省府所在地市和经国务院批准的较大的市的人大及其常委会颁布的规范性文件，如《北京市劳动合同规定》。当不同层级的规定发生冲突时，遵循上位法的效力高于下位法的效力的基本原则。

法规的宗旨

需要特别强调的是，由于劳动法律法规属于社会法领域，在价值取向上遵循的是"倾斜保护"，即立法者认为劳动者相比用人单位处于弱势地位，应当倾斜保护劳动者，所以上述劳动法律法规的目的和宗旨基本都是保护劳动者的合法权益，规范用人单位的用工行为，促进劳动关系的和谐稳定。当然，这并不是说，强调人力资源管理的合规性完全是为了保护劳动者，如果员工侵害了用人单位的合法权益，法律法规也为企业维护正当权益提供了救济途径。换个角度来说，用人单位严格遵守劳动法，也可以避免劳动争议和不必要的讼累。

2. 合行规

行规通常是指由行业协会制定的规则，或者是行业内大家普遍遵循的行为规范，旨在维护行业秩序和协调同行利益。因此，除了成文的制度性规范，行业水平、行业惯例等非制度性的内容，也应纳入行规一并考虑。

符合行业水平

行业之间的薪酬水平其实是有明显差异的。如果忽视这一点，即便是再好的企业，也难留住人才。大概十年前，某大型国企就曾犯过类似的错误。那些年金融行业形势好、赚钱多，该集团下属的金融企业稳居创利第一大户，而旗下的化工板块处于下行周期，农业板块刚刚起步，盈利能力较差。按说行业不同，待遇有别很正常，但该集团的 CHO 却认为都是旗下的产业，即便是盈利大户的金融板块，也是因为靠着集团才能拉来很多资源，所以在金融板块干的人并不是能力多强，而且集团给了机会，于是在这样的导向之下所属各产业板块高管的待遇差别不大。时间一长，金融板块的领导禁不住外面的诱惑，觉得付出与回报严重失衡，纷纷离职了。

符合行业惯例

比如员工的薪酬计算方式，是按时计酬还是按件计酬。众所周知，在快递行业、外卖行业，更多是按件计费，而在家政行业、教培行业，偏向于按时计酬。试想一下，如果给快递员按时计酬，那快递的效率肯定会大打折扣，每天成百上千件的货难免会让快递小哥有想偷懒的时候。再如，行业的用工方式，是自招自管还是外包。如果按行业惯例，原本通过短期外包就能满足的用工需求，CHO 却选择了自招自管，潜在的找错人和未来辞退的风险就在所难免了。

3. 合司规

有形的规章

合司规核心是符合企业的劳动规章制度。它们相当于内部的劳动法律法规，是企业管理员工的重要工具，涉及人力资源管理的方方面面。按照《劳动合同法》的规定，具体包括劳动报酬、工作时间、休息休假、劳动安全卫生、保险福利、职工培训、劳动纪律，以及劳动定额管理等直接涉及劳动者切身利益的规章制度或者重大事项。不过需要特别强调的是，有效的劳动规章制度必须满足三个条件：一是内容合法，不得与劳动法律法规相抵触，否则抵触的内容无效，应当符合本行业、本单位和员工的实际情况，显失公平或者违背公序良俗的规定不具有法律效力；二是程序民主，需要经过职工代表大会或者全体职工讨论，提出方案和意见，与工会或者职工代表平等协商、确定；三是公示告知，要通过培训、员工手册、OA 系统等方式公示，确保劳动者知晓。实践当中，第二条是特别容易忽略的，以至于很多劳动仲裁案件中企业虽然拿出了制度，但因为没有经过民主程序所以无法被采纳。

无形的惯例

在企业核心价值观的影响下，内部经过长时间的积淀，会形成一些不成文的惯例，而且被广大员工普遍接受，成为企业文化隐形规范的一部分。有些惯例表现为正向的指引，而有些惯例表现为负向的禁忌。不论是哪一种，一旦违背，对员工的心理和情感来说都是一种伤害。比如某科创企业，原本创业氛围浓厚，员工经常加班加点，所以一直以来在劳动纪律上都没有做强制要求。结果新的 CHO 认为必须严格考勤管理，并加装了上下班打卡器，结果适得其反，员工觉得企业对他们不信任，产生怨言。其实相比有形的打卡器，无形的加班惯例、奋斗文化恰恰是更好的考勤监督。

（三）如何培养合规思维

　　培养合规思维并不是简单地要求学法条，或者苛刻地要求精通劳动法律法规。毕竟就算是专业的劳动法律师，也不可能把每个劳动争议都分析得很透、很准，因为整个劳动法律体系的具体条文非常庞杂，而且部分条款还有解释的空间。培养合规思维，根本上是让 HR 像法律人那样思考，核心是养成"五重"的习惯，即重公道、重权利、重证据、重程序、重外脑。

1. 重公道

公平正义

重公道核心是讲求公平正义。有制度的按制度来，确保制度面前人人平等，不搞明一套、暗一套。没有制度，也一定严格遵循"对事不对人"的原则，杜绝"对人不对事"的风气。只有这样，做出的人力资源决策才能经得起考验。而且，HR与企业其他劳动者有区别，兼具了管理者和劳动者的双重身份。HR在代表企业解决劳动关系问题时，是用人单位的代言人，替用人单位说话，但换位思考，自己其实也是企业的一名员工，和劳动争议的另一方当事人是一样的。

倾斜保护

在劳动关系中，员工处于从属地位，因此基于劳资平衡的出发点，法律更倾斜保护处于弱势地位的劳动者。《劳动法》开篇明确指出："为了保护劳动者的合法权益，调整劳动关系……根据宪法，制定本法。"这种倾斜保护看似有失公允，但从社会层面来看，是对劳动者群体弱势地位的矫正，有助于更好地实现公平分配。因此，在具体用工管理问题的处理上如果难以准确把握合规性的要求，一定要跳出案件本身，上升到社会层面或者思考在普遍发生的情况下该如何处理，就比较容易接近立法者的本意。

2. 重权利

合规的核心是法律，而法律的主要内容就是权利、义务。在劳动用工的合规性上，有两种特别普遍的情况企业一定要引以为戒：一是侵害员工的劳动权利，没有履行法定的义务；二是超越用工管理权限，侵害员工的基本民事权利。

员工权利

员工的劳动权利变相就是企业的法定义务，理论上作为劳动者应当享有个别劳权和集体劳权。个别劳权是指劳动者个体所享有的劳动权利，具体包括平等就业的权利、选择职业的权利、取得劳动报酬的权利、劳动安全卫生保护的权利、享有社会保险和福利的权利、接受职业技能培训的权利、提请劳动争议处理的权利、休息休假的权利等。同时，国家为了更好地保护劳动者，还设计了其在劳动关系中应享有的最低劳动条件的法定标准，包括工资、工时、休息休假、劳动安全卫生、女职工和未成年工特殊保护等方面的最低标准。集体劳权在成熟市场经济国家通常是指团结权、集体谈判权和集体行动权，但按我国现行法律规定，主要包括参加工会的权利、集体协商的权利和民主参与管理的权利。

企业权利

企业作为用人单位，在劳动关系中依法享有以下权利：依法建立和完善规章制度的权利，制定劳动纪律和职业道德标准的权利，对劳动者进行职业技能考核的权利，确定合理劳动定额的权利，对劳动者法定过错行为解除劳动合同的权利，自主决定招工的时间、条件和方式的权利，确定机构设置、编制和岗位任职资格的权利，自主决定劳动报酬的分配、确定合法作息时间的权利。

需要特别强调的是，在劳动关系的运行过程中，员工作为民事主体所享有的人格权、身份权、财产权等，以及企业作为法人主体享有的民事权利，如财产权、经营权、名誉权等也都是受法律保护的。只不过，企业要特别注意，不得以行使劳动用工管理的权利为由，侵害员工的基础民事权利。比如，企业过度搜集员工个人信息甚至隐私，就属于典型的权利滥用。

3. 重证据

有一句特别经典的法谚："正义不仅要实现，而且要以看得见的方式实现。"我们经常发现，很多官司中当事人之所以会输，并不是事实上不占理，而是因为没证据或者证据不足。因此，重证据除了要把"法律永远只相信看得见的事实"铭记在心，还有两点需要特别注意。

管好过程文件

尽管现在大多数企业不再管理员工的人事档案了，但是对于有些央国企来说，如果有条件一定要管理好相关的人事档案。因为像司法公证、职称申报、开具个人证明、函调政审、办理退休手续等都要用到员工的人事档案。除了人事档案，在整个人力资源管理的过程中，像员工的录离调转、考核、薪酬发放、奖惩、培训、晋升等因为涉及员工的切身利益，企业也必须及时保存相关的过程性文件，以免在发生劳动争议时陷入被动。

分清举证责任

按照通常的诉讼规则，一般情况下都是"谁主张谁举证"，即原告要拿出足够的证据来证明自己的诉讼请求是正当的、合理的。这是为了避免随意起诉，浪费司法资源。比如劳动者起诉用人单位，要求补发工资，那就得拿出证据证明自己与用人单位存在劳动关系，明确欠发工资的数额等，否则请求无法获得支持。然而，在劳动争议处理中，还特别设定了举证责任倒置的情形，要求用人单位作为被告也要主动提供相关材料，自证清白。比如，因用人单位做出的解除劳动合同、减少劳动报酬、计算劳动者工作年限等决定而发生的劳动争议，用人单位负举证责任。这主要是为了遏制用人单位"有证据不提供"的问题，所以企业掌握的证据发生遗失、毁损，企业也将承担举证不能的不利后果。

4. 重程序

法律既重实质又重程序。很多人不理解为什么要搞那些复杂的程序，殊不知立法者恰恰是想通过程序合法来更好地保障公民权利、维护法律秩序、促进公平正义和提高司法效率等。

程序要求

首先，一些人力资源的决策，如果不履行相应的程序，就不会被法律认可。比如，劳动者因为严重违反劳动纪律，企业是可以单方面解除劳动合同的，但在设立了工会的企业中，如果没有事先通知工会，那解除就无效了。这样看似有点严苛，但前面也提过，劳动法的立法宗旨就是倾斜保护劳动者，如果没有这样的程序性规定，用人单位在行使单方解除权时会更加随意。工会作为保护劳动者的集体组织，能发挥一定的作用。

其次，劳动争议的处理有严格的先后顺序。目前实行的是"一调一裁两审制度"和"一裁终局制度"，即发生劳动争议，当事人不愿协商、协商不成或者达成和解协议后不履行的，可以向调解组织申请调解；不愿调解、调解不成或者达成调解协议后不履行的，可以向劳动争议仲裁委员会申请仲裁；对仲裁裁决不服的，除法律另有规定的，才可以向人民法院提起诉讼。因此，劳动争议仲裁是最重要且不能越过的环节。不能像其他的争议一样，出了问题就等着到法院，而且一审不服就二审，二审不服走申诉。

仲裁管辖

仲裁管辖通俗来讲就是发生了劳动争议该找哪个仲裁院，其中又包含区域管辖和级别管辖。区域管辖很明确，按照现行法律规定，在发生劳动争议时，申请人可以选择向劳动合同履行地或者用人单位所在地的劳动争议仲裁委员会中的任何一个提起仲裁申请。级别管辖在《劳动争议调解仲裁法》中没有直接规定，而是要求省、自治区、直辖市人民政府在决定设立劳动争议仲裁委员会时，明确级别管辖。

仲裁时效

时效是指出了问题多久之内可以申请司法救济，因为有个著名的法谚"迟到的正义非正义"，所以即便权益受到侵害，如果超过一定的时间不提出来，就没法得到保护了。目前劳动争议申请仲裁的时效为一年，从当事人知道或者应当知道其权利被侵害之日起计算，而对于拖欠劳动报酬的争议，劳动者在劳动关系存续期间申请仲裁不受一年时效的限制，但劳动关系终止后，劳动者应当在劳动关系终止之日起一年内提出。

时效还涉及中断和中止的问题。比如仲裁时效可以因当事人一方向对方当事人主张权利、向有关部门请求权利救济或对方当事人同意履行义务而中断，从中断时起重新计算。因不可抗力或其他正当理由，仲裁时效也可以中止，从中止原因消除之日起继续计算。

5. 重外脑

HR 毫无疑问应该注重合规方面知识的学习，特别是劳动法律法规。因为这些与人力资源的日常工作息息相关，最起码应该精读重要的劳动法律条文，不懂的地方再做些延伸阅读，平时还可以多看看相关的案例。

然而，术业有专攻，碰到重大疑难问题要多听听外脑的意见，对于劳动争议案件可以委托外脑代为处理。重外脑就是要借用专家的知识和智慧，弥补 CHO 在经验上和专业上的不足。外脑分两种，一种是企业内部的专家，比如法务部、财务部的同事，因为他们对劳动法律、税收政策等更熟悉，能够给人力资源决策提供很好的参考意见。内部专家用起来比较方便，而且不需要付费，所以 CHO 平时要注意和这些部门的同事保持良好的私交。另外一种是企业外部的专家，比如律师、会计师、学者等。这些外部专家是专业领域深耕多年的行家里手，他们的指导或协助能帮助企业快速解决问题。不过用外部专家往往需要付费，而且还需要甄别专业水平的高低，所以 CHO 平时还要注意扩展这样的朋友圈。

不守住合规底线，
就要做好承担经济、行政，
甚至刑事责任的准备。

CHAPTER 5

| 第五章 |

危机思维

（一）缺乏危机思维的常见错误

企业管理的危机无处不在，因为我们生活在这样一个 VUCA（乌卡）时代，不稳定、不确定、复杂化和模糊化的状态成为商业环境的新常态，加上随着劳动者权利意识的提升和自媒体时代的到来，人力资源危机事件的突发性和破坏性更强，如何有效管控人力资源危机成为现代企业管理面临的重要挑战之一。缺乏危机思维的 CHO 在真正面对人力资源危机时，必定会手足无措、盲目行动，以至于让企业处于更被动的局面，甚至会给企业带来毁灭性的打击。

1. 知安忘危

　　某大学生通过社交媒体发文控诉某企业 HR 存在严重的院校歧视，在网上引起关注。该企业的 CHO 知道后，叫来那位 HR 了解情况，原来该大学生是通过某直聘平台与 HR 联系的，而且前前后后没聊几句。HR 在询问该大学生有无实习经历、相关知识储备时，均得到了否定的答复，在知道大学生是 ×× 学校的毕业生后，HR 认为专业不对口，于是说了句："不靠谱啊。"大学生听完有些不愉快，怼了一句："你觉得 ×× 学校的不靠谱，那你筛简历的时候怎么不长眼啊！"HR 觉得被冒犯了，就想教育几句，说道："你一个刚毕业的学生，想找工作还这个态度，是你在找工作不是工作在找你！"大学生听了更不耐烦："就你们牛什么呀？"HR 一听更火大，气愤之下也回了一句："果然是素质差！"HR 本意只是觉得该大学生这么找工作不靠谱，也没有鄙视他所在学校的意思，谁知道对方这么不懂礼貌。CHO 知道真相后，认为大学生的控诉失之偏颇，也有误导大众的嫌疑，认为只要澄清了真相，事情就过去了，所以当 CEO 问起来的时候，他也觉得没什么大问题。第二天，CHO 在参加一个公开活动时，有人现场询问事件的相关情况，CHO 还帮着 HR 说了几句好话。没想到舆论却认为 CHO 是刻意包庇同事，更加引得网上骂声一片。随着事件的持续发酵，该企业的雇主品牌和企业形象一落千丈，最终 CEO 不得不出面道歉。

📋 案例分析

案例中，一次特别简短的线上求职沟通，最终在网上引起轩然大波，把企业推向了风口浪尖。HR 本意是没有相关的知识储备、实习经历、专业背景，完全凭个人的喜好联系工作单位，这样的求职方式不靠谱，结果被敏感的学生理解为 HR 是对他的母校有歧视、有偏见。然而，在就业形势特别严峻的时候，关于大学生就业的问题本来就容易吸引眼球，再加上现实招聘中学历、学校歧视是比较常见的问题，所以很容易引起共鸣。而且，HR 在招聘过程中的一言一行代表了企业的形象，对候选人做出"不靠谱""素质差"的评价显然是不太礼貌、不太恰当的。如果 CHO 和 HR 第一时间出来道歉，在此基础上适当澄清真相，企业给予 HR 一定的批评，会更容易被大家接受，事情可能很快就过去了。

✒️ 本节观点

卓越 CHO 深知在自媒体时代，一些看似不起眼的小事都有可能成为引爆大舆情的导火索，尤其是人力资源管理与就业、劳工权益、隐私和人权等高度相关，而歧视、过劳、职场性骚扰、职场 PUA 又被员工深恶痛绝，所以 HR 某种程度上也成为高危职业。在自媒体时代，信息泛滥让人们离真相越来越远。往往在舆情危机爆发的时候，"HR 是什么样的"并不重要，重要的是"在人们眼中你是怎样的 HR"。因此，面对人力资源危机，HR 的态度、叙事方式、传播途径等变得更加重要，尤其是在自媒体时代，人力资源危机呈现一些新的变化，HR 的危机意识应当更强。

2. 饮鸩止渴

案例回顾

  某集团以研发 AI 在医疗领域的应用为主，旗下设立了五个平行的事业部，每个事业部除了总经理、副总经理这样的领导岗位，还有一个技术专家的岗位也非常重要。虽然技术专家不是事业部的领导，但是对产品的设计起到关键作用。结果其中一位技术专家 A 突然提出离职，所在事业部的总经理非常着急，为了留住 A，请求集团 CHO 多给些支持，最终同意给 A 加薪 30%。结果 A 顺利留下来了，但其他四个事业部的技术专家知道后都很不满，认为 A 跟他们干的活差不多，专业水平也不相上下，凭什么因为 A 要走就给他涨了那么多工资，于是纷纷去给所在事业部的总经理施压。CHO 左右为难，都涨吧，人工成本一下子多出几百万元，特别是其中两个事业部本来经营压力就比较大，而且一旦助长了这种风气，一些关键岗位的员工也会提要求；不涨吧，又担心万一几个技术专家都走了，对集团的影响就致命了。

📑 案例分析

　　案例中，采取加薪 30% 的方式来留住关键人才，在很大程度上体现了企业对人才的重视。但因为给一个员工涨工资，让其他员工产生了不公平感，这显然是得不偿失的，而且涨薪的员工可能会被孤立，到最后可能还是待不长。其实员工离职的原因比较复杂，可能涉及工资待遇、职业发展、同事关系、企业氛围、家庭因素等诸多方面，所以挽留的时候一是要对症下药，二是要量力而行，三是要注意方式方法。比如即便案例中的那位技术专家，离职主要是因为对待遇不满，给五个事业部的技术专家都涨薪 30% 集团也能接受，但在调薪的过程中，如果对那个技术专家的光辉事迹进行宣传，可能会堵住悠悠众口，避免引起其他技术专家的不满，还能在企业内发挥榜样的力量；如果在调薪的同时对未来的业绩也提出相应的要求，会更好地发挥调薪的激励作用。

卓越 CHO 深知人才的重要性，但铁打的营盘流水的兵，人才的流动在所难免。管理决策不能头疼医头脚疼医脚，尤其是涉及人力资源的问题，要系统考虑其所带来的影响，一定不能按下葫芦浮起瓢。企业确实要努力通过待遇留人、事业留人、文化留人、感情留人等，努力留住核心人才，但了解员工的真正需求和期望，结合企业发展战略和现实条件，制定长期的人才吸引和保留策略才是更重要的。具体到薪酬管理方面，真正有吸引力、有激励性的薪酬制度，并不在于薪酬水平的绝对值，而在于是否体现了内部公平、外部公平和分配公平的要求。所谓内部公平，就是员工之间的付出与回报相当；所谓外部公平，就是员工的薪酬与市场对标是合理的；所谓分配公平，就是要平衡企业收益与员工工资福利的关系，体现劳资收益共享的精神。

3. 阵脚大乱

案例回顾

某大型化工企业地处沙漠腹地，生产生活条件非常艰苦，待遇处于市场中位水平，过往虽然招聘比较困难，但人员相对稳定，近几年的离职率一直维持在15%左右，而且员工基本上入职四五年之后才会跳槽，企业通过有计划、阶段性集中招聘能勉强维持供需平衡。然而，随着周边地区一些新建的化工厂正式投产，其他企业到厂里定向挖人的情况增多，突然之间好几个分厂的骨干被挖走，还有不少熟练工也很不稳定，给正常的生产经营带来巨大影响。一时之间，企业的CHO惊慌失措，他认为离职潮爆发的根本原因是待遇差，所以当务之急是涨工资。然而一个多月过去了，尽管企业投了不少钱来提高关键岗位人员的待遇，但情况愈演愈烈，企业随时面临停产的危险。集团董事长对此极为不满，立即要求罢免现任CHO，并且通过猎头赶紧从外部引进了一位人力资源专家接任。

新的CHO上任之后，驻厂进行深入调研，跟工人同吃同住，走遍了每一个车间，在全面了解此次人才危机背后的原因之后，陆续出台了八项工作计划：1.突击招聘计划，组成几个专门的招聘小组集中招聘人才，甚至派出小组到西北、东北等待遇较差的化工园区定向挖人；2.关岗替补计划，全面梳理从生产角度来说特别重要的关键岗位，每个岗位都确定可能的接替人选；3.人力调度计划，把原来的四班三倒改为三班两倒，并相应提高工资待遇；4.福利改善计划，组织员工代表座谈，就员工提出的食堂、住宿等问题，立即进行整改；5.实习生储备计划，与对口的化工类高职高专院校签订委托培养和实习生接收协议；6.人才加速培养计划，采取一系列措施加强内部熟练工的培养；7.文化引导计划，开展一系列员工关怀和企业内宣活动；8.HR管理水平提升计划，加强HR条线所有人员管理能力、沟通能力提升的培训。没过多久，人才大幅流失的情况就有所减少，到年底局面就逐步扭转过来了。

案例分析

　　案例中，原来的CHO面对人才流失危机显然阵脚大乱，没了主意。而新的CHO临危受命、处变不惊，深入一线详细调查危机爆发的原因，最后制订的八大计划很有针对性：突击招聘计划能加快人才的补充；关岗替补计划能降低关键岗位的人才异动对生产的影响；人力调度计划直接通过人员的重新编排减少了缺编的压力，同时待遇提高也符合员工的实际需求；福利改善计划、文化引导计划能提高员工的满意度，从感情的角度留人；实习生储备计划、人才加速培养计划、HR管理水平提升计划，都有助于从长远的角度破解人才招聘难的问题。当然，八大计划在实施过程中的各种动员、沟通也非常重要，让广大员工看到了企业对他们的重视，以及未来继续留下来的前景。

本节观点

　　卓越CHO深知人才保留的重要性，单个人才的保留要谨慎对待，不能一味地通过提高待遇来留人。当遇到人才流失的危机时，更不能指望用涨工资这一招就解决所有问题，必须采用"疏、堵、补"相结合的方式。所谓疏，就是疏通不满情绪，减少因此带来的人才流失；所谓堵，就是堵住离职的关键诱因，类似通常说的，企业留人可以有很多维度，待遇留人、事业留人、文化留人、感情留人等；所谓补，就是通过内外部招聘、培养来补齐人才缺口。当然，不同的方式针对具体企业来说，可行性和实效性各不相同，那就需要考虑长期和短期的问题。短期内关键是能应急，只要能在企业承受的范围内解决燃眉之急，维持生产经营的稳定，就算是成功的；但长期看，则要以更高效的方式实现人力资源的供需平衡。

（二）危机思维的具体内涵

人力资源危机通常是指因经营管理不善或其他原因导致的人力资源方面的危机，具体包括企业文化危机、员工忠诚度危机、人员过剩危机、人员短缺危机、人才流失危机、员工突变危机和劳资冲突危机等多种形式。本书所说的危机思维，核心是三个方面：（1）充分认识上述危机的不确定性；（2）危机可以通过防控来避免发生或降低危害性；（3）危机具有两面性，如果应对得当，甚至可以转危为机。

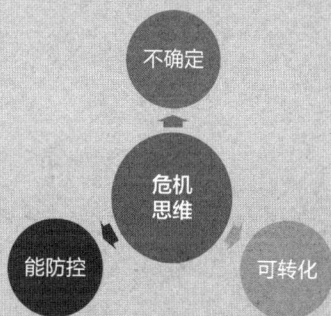

1. 不确定

    2010 年 5 月 17 日 7:50 左右，位于广东南海的本田汽车零部件有限公司（以下简称"公司"）变速器组装科的部分员工因工资低、福利待遇差且与日籍员工待遇悬殊，通过停工表达抗议。后来情绪开始蔓延，9:00 左右，厂区内近百名员工集体静坐示威，才引起管理层的注意。中午左右，公司日方管理层通过翻译向大家承诺，在 5 月 21 日将给员工满意答复。下午 3 点多，当午班员工到厂时，停工的流水线又重新忙碌起来。

    5 月 20 日下午，公司高层与员工代表展开谈判，但未达成一致意见。

    5 月 21 日，因有传言公司开始赴湛江等地大量招聘新工人，打算换掉 5 月 17 日参加停工的所有人，并且不会给员工加薪，员工开始第二轮停工，而且是全厂停工。

    5 月 22 日，公司通过广播宣布与"参与集体怠工、停工、集会"的两名停工带头者解除劳动合同。

    5 月 23 日起，为了防止日方拍照报复，停工者开始穿上统一的白色工作服和戴着口罩聚集。

5月24日，公司公布了对停工事宜的解决方案：本田零部件公司员工的补贴比之前提升55元。由于与预期结果差距太大，员工对方案不接受，并对公司制定提薪方案的过程提出异议。

5月25日，受停工事件影响，本田中国、广汽本田和东风本田等3家整车企业的4个组装厂全部被迫停产。据公司高层估计，本田零部件日损失产值约4000万元。

5月26日，公司宣布新工资调整方案，实习生工资及补贴每月增加477元，其余员工按级别每月分别增加340至355元不等。在厂方宣布工资调整方案不久后，上百名员工聚到厂门口，表示不接受该方案，继续停工。

5月27日，公司发布消息，由于零部件供应中断，4家在华整车工厂均被迫停产。据估计，日产值损失合计高达2.4亿元。

5月30日，在当地政府和工会组织的强力调解下，员工同意了加薪366元的解决方案。

6月1日，广汽集团总经理兼全国人大代表曾庆洪介入，进行调解斡旋，并答应3天后给员工满意的答复。当晚，生产趋于正常。

6月2日，员工全部返回工作岗位并复工，等待谈判结果。

6月3日，员工谈判代表团发出《致全体工人和社会各界的公开信》，呼吁工人保持团结，要求资方拿出诚意，同时开始重新选举工人代表，并委托知名劳动关系专家中国人民大学常凯教授作为法律顾问。

6月4日，在地方政府劳动部门负责人的主持下，劳资双方经过三轮正式谈判，最终达成一致意见，持续了近二十天的停工事件终于告一段落。

发生不确定

危机往往是突然之间爆发的，所以发不发生、什么时候发生都很难预料。也正因为如此，才会让人措手不及，感觉经常瞬间就造成了混乱和失控。上述案例中的停工事件，直接导致整个本田系公司损失高达30多亿元，而且对整个汽车行业都产生了很大的影响。危机爆发的根源是工人对薪酬体系不满，包括中国工人工资低、福利差，日籍员工与中国员工待遇悬殊。然而这些情况存在已久，管理方没有意识到会突然造成如此严重的后果。

过程不确定

危机发生之后，朝哪个方向演变，以及事态发展的快慢，也是很难预料的。停工事件中，5月17日第一天停工，中间一波三折，由于过程中没能及时妥善解决，所以一直持续到6月2日，员工才全部返回工作岗位。事后来看，如果停工后管理层第一时间拿出有诚意的调薪方案，事件估计很快就平息了，毕竟对员工来说，停工只是施压的手段，目的是提高工资待遇。另外，如果期间没有传出公司已赴外地招工的消息，公司没有单方面解除两名停工者的劳动合同，可能事态发展也能更加缓和。

结果不确定

由于过程的不确定，加之危机的破坏性极大，结果自然也存在极大的不确定性。而且一方面由于人力资源危机与员工利益密切相关，往往涉及的员工较多，群体性事件极易转化为社会问题。比如，案例中的停工事件原本是内部薪酬管理的矛盾，最后地方政府和当地工会都出面干预了；另一方面现代企业生产分工导致企业之间相互关联，甚至出现了全球性的供应链，也使得内部危机具有明显的外溢性特点，结果超出企业的掌控。比如，案例中本田系一个区域性零部件公司的变速器组装车间的员工停工，结果导致本田在华的全部整车工厂都被迫停产，直接经济损失非常惨重，而且本田的企业形象也受到影响。

2. 能防控

事前预防

著名的海恩法则指出：每一起严重事故的背后，必然有29次轻微事故和300起未遂先兆，以及1000起事故隐患。如果能够及时发现轻微事故、未遂先兆、事故隐患，就有可能避免严重事故的发生。危机的发生看似偶然，但其中也有必然性。在正式爆发之前，也一定有风险的酝酿、集聚、扩散等阶段。尤其是人力资源方面的危机，通常一开始都是零星的、轻微的不满，然后经过积少成多或长时间压抑，最后一发不可收拾。从危机管理的全流程来看，防患于未然是最基本、最重要的。

事中处置

危机发生后及时启动预案或者制定合理的方案，并有效组织资源、快速响应、高效执行，就能尽早地化解危机。在事中处置过程中，有几点特别重要：第一，抓住"黄金24小时"，即危机发生后的 24 小时内是应急处置的关键阶段，争取在这个时间段内迅速且有效地化解危机，从而最大程度地减少危机所带来的负面影响。第二，消除"信息不对称"，即及时恰当地公开信息，可以避免员工和利益相关方的各种猜疑，进而消除不必要的误解、敌对甚至恐慌。

事后恢复

危机暂时消除并不代表危机完全结束，案例中，虽然后来工人全面复工了，但集体协商达成的协议还需要很好地执行，否则如果不能及时兑现，势必会引发新一轮的停工。而且，原来相对和谐的劳资关系一经打破，就需要花时间去修复，企业方要加强员工关怀、宣传引导、集体沟通等，尽可能地让员工重新信任企业、珍惜平台、努力工作。同时，危机给企业带来巨大冲击，企业事后也需要认真总结、反思，形成长效机制，避免悲剧重演。案例中，劳资双方达成了企业内部集体协商的共识，此后双方会定期就相关问题进行协商。

3. 可转化

任何事物都是有两面性的，危机虽然可怕，但通常危中有机，努力化危为机才是最重要的。

危的一面

危机中"危"的一面是显而易见的，比如，停工事件中，员工不满、车间停工、生产停滞、供应链断裂、销售无法正常进行、企业形象受损、集团施压、地方政府介入等。如果沉浸在对危的恐惧、焦虑、沮丧、愤怒、绝望、悲伤等负面情绪中，必定会让危机的处理变得更加棘手。即便一时想不出解决办法，也应当搞明白几件事情：第一，危机的爆发是有原因的，冰冻三尺非一日之寒，原因肯定比较复杂，但哪个是导火索，哪个是根本原因？第二，危机的影响是有关联的，就像上面分析的停工事件中，有一连串反应，但员工不满是最主要的，让他们复工，危机才能消除。第三，问题是有轻重缓急的，危机爆发之后，原来隐藏的一些问题可能也会暴露出来。

机的一面

危机中"机"的一面往往是隐蔽的，甚至难以发现，这就需要 HR 尽可能保持冷静，尤其是需要乐观心态和逆向思维。比如，企业文化危机让我们可以重新检视文化自身的适应性和生命力；员工忠诚度危机能够让我们发现谁才是最忠于企业的员工；人员过剩危机让我们能够名正言顺地进行人才优化；人员短缺危机让我们得以大张旗鼓地引进外部优秀人才；劳资冲突让我们有可能一次性解决员工关系中那些存在已久的关键矛盾。

（三）如何培养危机思维

　　培养危机思维，并不是说凡事都往坏处想，更不能是那种杞人忧天式的担心，而是要始终保持对环境的警觉性，即便在确定的环境中也能保持必要的忧患意识。通过对危机的监测、预警、预控来有效预防危机的发生，通过吸取同业和过去的经验教训、提升辩证看待问题的能力，以及进行常态化的应急演练，可以让我们在不确定的环境下保持沉着冷静，即便真正面对未来各种大的危机，也能有一定的思考和准备，不至于手足无措、阵脚大乱。

1. 防微杜渐

风险监测和预警

危机管理首重预防，因此危机思维的培养，要求高度重视危机的监测预警。一方面是监测，既要求对各种诱因进行科学、规范的分析，在此基础上形成排查潜在风险的一张"大网"；又要求建立多元化的信息收集渠道，确保一旦有风吹草动，能够及时掌握动态。另一方面是预警，一旦前面提及的那张"大网"捕捉到了异常情况，就要及时发布警示信号，提醒企业核心层重视，在必要时采取相应的措施，避免问题升级，把危机扼杀在摇篮里。

终极风险的预控

凡事争取最好的结果，也要做最坏的打算。即便是在经营平稳的时候，也要有终极风险的意识。换句话说，就是要考虑将来面临的最大风险、最坏的结果是怎样的，可以做什么准备。比尔·盖茨总是告诫他的员工："我们的企业离破产永远只差 18 个月。"微软始终怀着这样巨大的危机感，不断进取，短短 20 年就发展成为世界最大的软件企业。优秀的 CHO 无论在做人力资源的重大决策，还是在参与重大经营决策时，都需要考虑是否能承受终极风险。比如，在拟定工资集体改革方案时，应当考虑如果员工都不接受该怎么办。在讨论业务战略转型时，要考虑随之而来的大批量人才优化和人才缺口问题如何解决。

2. 前车之鉴

向同行学习

现在所遇到的危机，大概率之前行业内也曾发生过。通过了解同行出现过哪些危机，事情的前因后果，以及经验教训，可以指导企业自身的实践。Facebook 在发展过程中遭遇了用户数据泄露等重大危机，这对其声誉和用户信任产生了严重冲击。Facebook 随后加强数据安全管理，强化员工数据保护意识，重新梳理内部流程，以确保数据的安全使用。字节跳动通过学习 Facebook 的优势和吸取教训，在人力资源方面做了大量准备，从而保障了旗下产品，如 TikTok 在全球范围内大获成功。

向过去学习

对于企业过往发生或者濒临发生的危机，要详细考察事件的经过，吸取事后得到的教训，并时刻保持警惕，以防类似的事情再次发生。比如前文的停工事件，因为南海本田的员工通过集体行动，成功争取到了更好的待遇，所以相比其他企业来说，员工再次采取集体行动的概率更大。这就促使南海本田去思考，要设立什么样的新机制以防重蹈覆辙。相比临时抱佛脚，有意识地提前建立行业内和企业过去的危机案例库，并引以为戒，肯定是更好的。

3. 辩证看待

危机发生之后，从辩证的角度去看待它是非常重要的，这样不仅可以跳出对现状的恐惧，而且换一个思路往往就能看到希望或找到破局之道。首先，要知道危机是暂时的，无论什么样的问题，迟早都会得到解决。这样想有助于保持冷静，用更好的心态去应对，而且要用动态的、发展的眼光去看待危机，避免陷入固有思维模式。其次，要知道危机是相对的，无论什么人或什么事，都没有绝对的好或者绝对的坏，即便影响再恶劣也会有积极的一面，所以矛盾、冲突的存在有时候反而是件好事。最后，要知道危机是可变的，无论发生什么危机，都有其所处的特定背景，以及诱发它的关键原因，所以从全局、综合的角度去分析，往往就能抓住主要矛盾，化危为机。

4. 常态演练

正如平常生活中，每次重大考试前反复进行模考，是为了形成正确的临考心态，检验目前的能力水平，以及哪些知识点还未掌握。在人力资源方面，对危机的常态演练，也有异曲同工之妙。通过定期进行模拟演练，企业可以提前识别潜在的危机、评估应对策略的有效性，以及提升员工在危机情况下的反应能力和协同效率。

人力资源危机的常态演练重点是针对极高危或者频发的危机。演练按仿真程度不同，可以分为两大类：一类是通过头脑风暴，确立处理原则和方案，当然，由于缺乏实操所以更多是纸上谈兵；另一类实操性更强，比如针对集体谈判，可以组织人员进行模拟谈判。当然，无论哪种类型，常态演练的关键实际上是构建从事前预防、事中处置到事后恢复的一整套危机管理机制，即便不完善，在真正出现危机时也有一定的指导意义。

危机往往不可避免，
但可以预防、化解
甚至转危为机。

THE
SECOND ARTICLE

第二篇

员工的视角:
把员工当成 HR 的客户

CHAPTER 6

| 第六章 |

平等思维

（一）缺乏平等思维的常见错误

平等思维要求 HR 对待不同的人能公平公正，在评价人和事时，能基于客观理性，不执着于自己的经验、私利、成见和情绪，从而更好地看清楚人和事的真正面目，并从长远利益出发，进行合法、合情和合理的决策。公平的企业氛围宛如磁石，对人才有着难以抗拒的吸引力，但 CHO 如果不能领悟平等思维的精髓，不能将平等理念融入企业的人才管理工作中，就会变得刚愎自用、固执己见，或者凡事把关系放在第一位，或者自以为是、高高在上。

1. 刚愎自用

　　某科技企业的 CHO 为了迎合老板关于打造"爱岗奉献"企业文化的要求，主导了一场针对工时和补贴的改革。为了凸显 HR 的权威性，他在政策出台之前没有充分征求各方意见就直接公布了新政策。新政策鼓励员工每天自愿延长工作时间，并且取消了原有的加班补贴。消息一出，立即引发了众人的强烈不满。在一次内部会议上，某部门负责人公开对 CHO 的这一决定提出了严厉批评。部门负责人态度严肃地指出，长时间工作必然会使员工疲劳不堪，工作效率也会大幅下降，长此以往，最终受影响的将是企业的整体业绩。然而，面对质疑，CHO 却摆出强硬姿态回应道："不要在这里危言耸听，我干人力资源都多少年了，什么样的政策对企业更有利，我比你清楚，新政策肯定会影响一部分人的利益，有点非议很正常。我身为 CHO，要立足长远、通盘考虑。你管好自己部门的业务就行！"这样的回应瞬间让会议室的气氛变得凝重，也让员工心中的不满情绪进一步加剧。

📋 案例分析

案例中，CHO主导的内部人事政策调整，不仅是为了迎合上级，更是被个人偏见左右。从结果上看，忽视了广大员工的意见和切身利益；从程序上看，独断专行，对他人的反馈和建议置若罔闻。这样的行为是在滥用职权，势必会让新政策的推行受阻，也极易导致人才流失，为企业未来的发展埋下隐患。作为企业的CHO，应当善于倾听各方声音，搭建一个多元化的意见交流平台。各个层级的意见，只要初衷是好的，无论关于企业人力资源战略的思考，还是关于具体实操的优化建议，HR都应当给予尊重。尤其是工资福利这类关乎广大员工切身利益的政策调整，尽管CHO通常是熟悉薪酬福利管理的拟定原则和规律的，甚至即便政策调整本身是合情合理的，但通过沟通赢得共识、消除分歧也是很有必要的。

🖋 本节观点

卓越CHO深知人力资源政策不仅关乎员工的切身利益，还直接影响企业的运营效率、文化氛围和长期发展。因此，在制定政策时，要充分考虑员工的需求、企业战略、法律法规及外部环境等多方面因素，确保政策的科学性、公平性和可持续性。只有这样，企业才能创造更大的价值，同时实现员工与企业的共同成长。在政策实施的过程中，也要尽可能通过宣传引导大家正确地理解政策的背景、宗旨和重要条款，并密切关注各方面的反馈。通常在一定时间之后，还要对政策的效果进行评估、复盘，并视情况适时优化。总而言之，人事政策怎么定、怎么改，关键看怎么做有利于人才价值的充分发挥。越是优秀的人才，越希望获得尊重，而认识到人与人之间是平等的，是做到尊重最重要的前提。

2. 关系第一

案例回顾

A是市场部的资深员工，工作向来勤勉，业绩也颇为出色，但他不善于推销自己，一直没有被纳入后备干部的名单里。他认为公道自在人心，只要认认真真把工作干好，总会等到机会。而企业CHO特别喜欢搞裙带关系，认为提拔的与自己有关系的人越多越好，因此中层干部的晋升机会屡屡被那些跟CHO私交密切的同事挤占。有一次，市场部副经理一职出现空缺，A自认为凭借自身的能力与经验，无疑是该岗位的最佳人选。可令他失望的是，CHO竟安排了一位业绩平平且与其关系紧密的员工担任此职。A满心失落，最终毅然决定离开企业，去寻找更公平公正的职场环境。

📋 案例分析

案例中，CHO 在遴选中层干部时，不从大局出发，不全面考察候选人的德能勤绩，而是"关系挂帅"，更看重与自己的关系是否亲近，是否是"自己人"。这种做法带来的负面影响不容小觑，一方面，严重破坏了企业内部公平晋升的良性生态，使得员工所付出的努力无法得到平等的回报；另一方面，直接导致优秀员工流失，企业创新活力锐减，员工士气也陷入低迷状态。着眼于企业的长远稳健发展，CHO 应摒弃此类任人唯亲的做法，着力构建一套公平、透明的用人机制。

✒️ 本节观点

卓越 CHO 在人才选拔、任用、培养等关键环节，遵循公平、公正、公开的原则，杜绝任人唯亲、论资排辈等陋习，确保每一位员工都拥有平等的机会。构建科学的评估体系，全方位、客观地评价员工的工作表现，借助考核、面试等途径，深入了解员工的专业技能、团队协作能力、解决问题的本领及领导力等综合素质。与此同时，及时公开职位空缺信息，让所有满足条件的员工都能够参与竞争，并借助内部竞聘、公开选拔等形式，让员工尽情展现自身实力。只有这样，企业才能够选出真正的优秀人才，这不仅能为团队增添新的动力，还会提升员工的积极性与增强归属感。

3. 高高在上

某大型互联网企业的 CHO，因其不当言论受到了广泛关注，同时也让企业陷入了舆论的漩涡。这位 CHO 公开发表了很多惊人言论，诸如"员工闹分手提离职，我秒批""只要工作需要，996 甚至 997 都是很正常的事""企业养活了你，让你 24 小时开机，随叫随到，有啥过分的"等。这些言论一经流出，便在社交媒体上掀起了轩然大波，引发了网友们的激烈探讨，相关话题更是以极快的速度蹿升至微博热搜榜单前列。在争议愈演愈烈之后，这位 CHO 不得已公开发文致歉，最终选择通过离职来平息风波。

案例分析

案例中 CHO 的言论，折射出其对员工诉求和劳动权利的漠视态度，特别体现在对员工情感需求的严重忽视上。这种倾向很有可能进一步激化职场中的矛盾。该 CHO 提出的"24 小时开机，随叫随到"等言论背后，暗示着企业内部存在一种不平等的权力关系，意味着管理层单方面掌控员工个人生活节奏的大权，全然不顾员工理应享有的基本权利与人格尊严，更对员工工作与生活平衡的需求视而不见。长此以往，员工因为长时间处于高强度的工作压力之下，身心健康肯定会被摧毁。

本节观点

卓越 CHO 深知营造一个公平、健康的职场环境对企业发展至关重要。这不仅仅是劳动法律法规的硬性要求，也是员工强烈的内在心理诉求。一旦违背这样的心理契约，特别是 HR 一些极端的言论和做法，极易引发员工的强烈不满，在自媒体时代引发企业舆情风险和声誉危机的情况也屡有发生。因此，CHO 在企业层面会通过内部规章制度来保障员工平等享有各项职场权利，积极营造平等、人性化、包容性和多元化的职场氛围，重视员工的心理健康，适时提供专业的心理辅导和心理援助；在个人层面对内往往表现得非常谦逊，并深谙平等待人的原则，比如不以个人好恶区别对待、不以业绩的好坏搞特殊、不以管理者身份凌驾于人、不以员工的过失伤害员工、不以关系的远近破坏规则。实际上，无论最早的工厂守则运动，还是现代的企业社会责任运动，都对职场环境提出了要求。近年来比较流行的 ESG，即环境（Environmental）、社会（Social）和公司治理（Governance）已经成为评价企业经营的重要体系。

（二）平等思维的具体内涵

平等思维不仅是一种思维方式，更是一种深刻且全面的管理理念，贯穿企业人力资源管理的全过程。HR 秉持平等原则，倡导多元化与包容性，营造公平开放氛围，制定合理的绩效与薪酬制度，将有助于增强企业的凝聚力与竞争力。卓越 CHO 的平等思维主要体现在三个方面：人格平等、机会平等、价值平等。

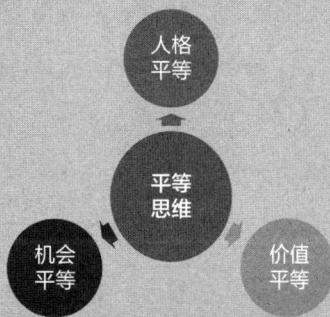

1. 人格平等

企业中工作岗位分工的差异导致了上级与下级、管理者与被管理者之间的区别。然而，从法律的角度来看，无论企业的高管还是普通员工，他们在人格上是完全平等的。因此，岗位的不同只是决定了他们对企业发展贡献的方式和大小不同，但双方应当相互尊重、平等对话，共同参与企业事务。

基本尊重

基本尊重除了强调尊重员工作为劳动者的基本劳动权利，还强调要尊重员工作为自然人的基本人格权，主要包括生命权、身体权、健康权、姓名权、肖像权、名誉权、荣誉权、隐私权等，以及基于人身自由、人格尊严产生的其他人格权益。企业管理追求利润无可厚非，但一味追求短期利益，将员工单纯当作成本和工具的错误理念一定要摒弃。管理者需充分考虑员工作为具有独立人格和完整个性的个体，关注其性格、态度、动机和需求等心理因素，不能仅靠行政命令、严苛纪律去约束，更不能随意惩罚、威胁员工，无视其人格尊严。

"爱人者，人恒爱之；敬人者，人恒敬之。"企业尊重、关爱自己的员工，也必然会使员工产生强烈的归属感、高度的忠诚度及出色的绩效表现。

杜绝歧视

狭义的歧视主要是指现行劳动法律法规中禁止的就业歧视，即劳动者在就业过程中不因性别、民族、种族或宗教信仰不同，以及残疾而在就业过程中受到歧视，企业应确保员工受到平等、公正的待遇。而广义的歧视除了上述法定就业歧视，一方面包括上述原因导致的劳动者在就业过程之外，如晋升、培训等方面受到的不公正待遇，另一方面包括因领导对员工的身高、长相、籍贯、血型、星座、生肖等有个人好恶，导致员工在职场遭受不公正待遇。后者并不在法律明令禁止的范围之内，但当员工感受到不公平的待遇时，他们的工作热情和忠诚度就会下降，最终还是企业用效益或声誉来买单。

杜绝 PUA

现在职场 PUA 比较泛滥，它是一种比较典型的不尊重员工人格的错误行为，通常表现为上级或同事通过心理操控、贬低、威胁等手段，摧毁员工的自信心、判断力和自我意志，以达到完全掌控员工或其他非法目的。当然，需要注意的是，要区分职场 PUA 和辱虐型领导。前者虽然也可能存在嘲笑、公开批评、大声指责、粗鲁对待等行为，但出发点是为了督促员工更好地完成工作任务。二者的根本区别在于老板或上级领导的出发点、批评的内容和程度不同。领导的非恶意批评不一定都是坏事，只要尊重员工、对事不对人、没有非法目的，可能还有助于员工个人的成长。

2. 机会平等

所有员工都应享有平等的发展机会，包括培训、晋升和参与决策的权利等。任何人都不得享有特权，不能凭借自己的地位或关系，逃避企业规章和惯例的约束，受到不公平待遇。规则面前人人平等。当员工看到规则被严格执行时，他们会更加尊重规则，也更加愿意遵守规则，从而帮助企业营造一个更加有序、高效的工作环境。实践当中，要杜绝团伙文化和冷漠无情。

杜绝团伙文化

团伙文化是指在企业中形成的以利益为核心的非正式小团体，这些小团体会通过紧密的私人关系网络来获取内部资源、利益。与健康的团队文化不同，团伙文化往往带有排他性、封闭性甚至对抗性，对企业的健康发展和良好员工关系的形成都有负面影响。团伙文化是一种非常消极的现象，容易排斥新思想和新成员，阻碍企业创新，也容易导致腐败、内斗等问题，最终损害企业声誉。其中最典型的问题是因一把手的不当行为导致的"饭圈文化"。一把手的行为和态度对于企业文化和氛围的塑造有至关重要的影响。如果一把手特别享受这种过度崇拜、拥护或追随，不能以身作则、严格遵守规则，那么"拍马屁""报喜不报忧""对一把手负责比对企业负责更重要"就会靡然成风。

杜绝冷漠无情

杜绝冷漠无情并不是说要绝对一视同仁。企业是由人组成的，而人是有感情的，基于人道主义给予特殊员工必要的关心和支持，并不意味着对规则的妥协或让步，也不会削弱规则的权威性，反而能够增强员工的幸福感、归属感和忠诚度，激励员工更加积极地为企业贡献自己的力量。比如，前面提及的案例中，允许长期外派援藏的员工提前退休。再如，某企业对有25年司龄的老员工不幸离世进行慰问。这些人性关怀背后所体现的，恰恰是一种积极向上、关爱员工的价值观。这种价值观能够引导员工树立正确的道德观念和行为准则，促进企业的和谐发展。

3. 价值平等

每个部门 / 岗位都不可或缺

CHO 应时刻铭记，不是只有企业的高管或核心技术、管理人员才是不可或缺的，企业中的每一个岗位的人员虽然职责各异，但都在为企业的发展付出努力、贡献价值。研发人员凭借智慧探索与创新，为产品注入核心竞争力；销售人员以口才与毅力拓展市场，让产品走向千家万户；后勤人员默默耕耘，用细致入微的服务保障企业日常运营的顺畅。如果一家企业，所有岗位的员工都全力以赴，那一定能成为优秀的企业。海底捞就是很好的例子，它凭借对员工的尊重，铸就了服务行业的传奇。在海底捞，基层服务员的建议备受重视，晋升渠道畅通无阻。企业为员工解决住房、子女教育等后顾之忧。这份温暖促使员工自发为顾客提供超一流服务，顾客满意度飙升，海底捞也因此门店开遍全球，成为餐饮界的典范。

业绩是大家共同努力的结果

每位员工都应当被视为企业发展的贡献者、品牌的维护者和文化的传承者。从绩效的角度来看，工作分工只是确保每个部门和岗位都有明确的职责，使员工能够专注于自己的工作任务，充分发挥自己的优势，但企业还需要通过组织流程和企业文化让不同的岗位相互协作、相互支持。可以说，企业的业绩一定是大家共同努力的结果。因此，通过科学的绩效评估体系，确保每个员工的努力都能得到认可非常重要。这种以结果为导向的管理方式，反过来可以激发员工的工作热情，促进团队之间的良性竞争，推动企业的持续发展。

（三）如何培养平等思维

　　站在 HR 个人的角度，平等思维不仅是一种思维方式，也是一种能力和素养，更是一种工作价值观。这种思维的培养是一个持续的过程，需要自我反思、学习和实践。通过看轻自己、看重他人等方式，能够让个人逐步建立平等思维，从而促进个人成长、组织发展和社会进步。

1. 看轻自己

所谓看轻自己，并非自我贬低，而是谦逊与包容的体现，要认识到即便 CHO 身处高位，也应该放下架子、放低身段，主动倾听员工的声音。

价值的局限性

尽管 CHO 在人力资源管理领域可能很权威、很专业，但面对复杂多变的内外部环境，个人的认知和力量终究是有限的，应摒弃"一言堂"的作风，鼓励团队成员群策群力，通过集聚大家的智慧与力量，共同推动企业发展。这种对价值局限性的认知，有助于 CHO 更开放地接纳不同意见，促进企业内部的平等对话与高质量决策。

成长的必然性

CHO 应时常提醒自己："我也曾是职场中的普通员工，通过不懈努力与成长才走到今天。"这种对成长历程的回顾与反思，能让 CHO 更加珍惜当前的工作岗位，同时也更能理解基层员工的艰辛与不易。因此，在制定政策、分配资源时，更多地从员工的角度出发，能使企业与员工共同成长。

岗位的暂时性

"铁打的营盘流水的兵""三十年河东三十年河西"。在快速变化的商业环境中，不存在一成不变的地位。这种对变化的敏锐感知和坦然接受，能够促使 CHO 更加珍惜与员工的每一次合作机会，以更平和的心态面对工作中的得失，同时，也能激发员工对个人成长的渴望，鼓励他们在变化的环境中持续学习、不断进步。

2. 看重他人

看轻自己能让 CHO 保持平和心态，看重他人则能让员工感受到更多的尊重。一轻一重之间，也体现出了 CHO 的格局。

人才的稀缺性

优秀人才是企业最宝贵的资源，他们为企业注入了无限的可能性，CHO 应当致力于打造一个能够吸引、激活这些优秀人才潜能的职场环境。这其中包括提供具有竞争力的薪酬，设计契合员工个人特点的职业发展路径，营造开放包容的工作氛围等，让每一位员工都能充分感受到自身价值得到了认可。

员工各有所长

每个员工都拥有独特的潜能，这些潜能往往突破了岗位本身的局限。CHO 应积极鼓励员工探索自我、挑战自我，勇于涉足新领域、尝试新任务。这就需要搭建一系列的机制，比如通过完善的绩效评价体系让员工不仅关注短期业绩，更重视长期成长对企业的贡献。这样既可以有效激发员工的活力，还能为企业建立一支高素质、多元化的人才队伍。通过团建活动的开展，可以增进员工之间的沟通与协作；通过榜样的力量让员工获得荣耀感的同时，引导员工相互学习；通过建立员工意见箱、定期召开员工座谈会、开展员工满意度调查等方式，广泛听取员工的合理化建议。

3. 以心换心

每个员工都是富有感情的，要关注他们的内心世界，深入了解他们的需求与期望，最终为企业营造一个健康、平等、和谐的人才发展环境。

首先去付出

以心换心的第一层含义就是要有同理心、共情力，要做到心理换位，要设身处地站在员工的立场想问题，要理解员工的情绪、想法。除此之外，以心换心的第二层含义是要主动付出真心，感情是相互的，需要双向奔赴。然而，对员工来说，在职业流动日益频繁的当下，在一个企业能干多久、想干多久本来就是不确定的，做好分内的工作、换取对应的报酬即可，没必要投入过多的感情。如果企业想要换取员工的真心，就应该先付出自己的真心。

首席心灵官

从更高的要求来说，CHO 应担当合格的首席心灵官。现代社会生活节奏快，员工面临来自生活与工作等多方面的压力。CHO 可以建立多样化的员工关怀机制，比如开展心理咨询活动，为员工提供专业的心理疏导；组织心灵成长活动，帮助员工增强心理素质；设立员工互助基金，助力员工解决经济困难。

4. 淡化标签

尽管个人标签能帮助 CHO 快速认识员工，但标签一旦贴上便难以去除，久而久之容易形成对员工的偏见，甚至可能限制员工的发展。

标签有固化效应

在人才盘点过程中，需要对员工进行评价，经常会出现类似"XX就是大局观不强""XX能力一般"等评语。这种基于特定信息给予的客观评价本来无可厚非，但如果将其标签化，忽略员工的发展就是不负责任的行为了。CHO应鼓励员工持续学习，避免给他们贴上特定标签。通过提供丰富多样的培训与发展机会，助力员工拓展技能、增长知识，以适应不断变化的工作环境。

标签有片面效应

CHO必须认识到，任何标签都无法全面反映一个员工。企业需建立多元化的评价体系，综合考量员工的工作表现、团队协作能力、创新能力等。标签化本质上就是对个体的刻板印象，极有可能导致对员工的不公平待遇。这种行为不仅侵犯了个体权利，也违背了公平原则。

每一位员工，

包括 CHO 自己，

都是平常人。

CHAPTER 7

| 第七章 |

沟通思维

（一）缺乏沟通思维的常见错误

　　企业内部的沟通，不仅关乎个体间的信息交流，更涉及团队协作的深化和组织文化的塑造。然而，一些CHO却在工作中暴露出以下严重问题：要么认为沟通并非必要环节，对沟通的重要性缺乏足够认识；要么虽然有沟通的意愿，但不知道该如何有效地进行沟通；要么没有在组织层面建立起必要的沟通机制。这些问题相互交织，严重阻碍了信息的顺畅流通，势必使得管理效率低下，给企业正常的经营管理带来冲击。

1. 不愿沟通

A 之前在一家传统国企任 CHO，他见过无效沟通带来的种种弊端，如决策缓慢、效率低下等。因此，跳槽到现在这家科技企业之后，他笃信一定要减少不必要的沟通，人力资源部必须身先士卒，对此甚至有点偏执。比如，部门内部没有重大事项的话，每月才召开一次全体会议，其他时间自行安排；没有特别重要的事项，不得在工作微信群里发信息；仅保留邮箱作为主要的沟通方式等。结果一位 HR 在与离职员工面谈时发生冲突，引发了离职员工的强烈不满。这件事未能及时上报，并未采取有效措施来消除矛盾，最后这件事一发不可收拾，导致企业声誉受到很大影响。

案例分析

案例中，A 因其在国企的工作经历，对内部沟通有比较深的偏见，因此，在跳槽到新的科技企业之后，试图通过减少沟通来提升工作效率，但这种做法带来了灾难性的后果。传统的国有企业由于其特殊的组织生态和运营模式，容易出现沟通效率低下的问题。然而，在科技企业中，内外部环境已经大大不同，不能刻舟求剑，CHO 必须认识到在快速变化的科技行业中，内部的有效沟通是信息传递、团队协作和创新的关键。

本节观点

卓越 CHO 会特别重视沟通的价值，但不会偏执于沟通频次的多少，因为沟通的结果更为重要，比如开会作为一种重要的正式沟通方式，开多开少其实无所谓，关键是每次开会都要有明确的议题和成果。此外，沟通的媒介也很重要，比如 OA 系统、电子邮件虽然正式，但企业微信、钉钉等即时通信工具能够实现快速响应和交流。当然，过度沟通容易错失机会，但沟通不足会导致信息不对称，有着巨大危害，因此要营造一种重视沟通、鼓励沟通的文化，让员工能沟通、想沟通、敢沟通、善沟通。

2. 不懂沟通

案例回顾

某互联网企业正在招聘一名产品研发部总监。经过层层筛选，最终有两位候选人在进入 CEO 终面之前，由 CHO 先进行把关。候选人 A 和候选人 B，两人的资历相当，但 B 的专业能力和团队合作经验更胜一筹。然而，在 CHO 面试的时候，因为 B 是女性，CHO 认为在产品研发方面男生可能天然有优势，再加上 B 的着装不够正式，导致 CHO 认为其态度不端正。这些先入为主的偏见，使得 CHO 在没有适当引导的情况下，不断追问了一些尖锐的问题，导致 B 因为紧张而发挥失常。相反由于 A 与 CHO 都毕业于同一所大学，所以 CHO 对 A 好感倍增。最终 CHO 认为 B 不适合并将其淘汰，强烈推荐 A 进入终面，并且为了让 CEO 有对比，重新找了一位资历较浅的候选人 C 作为替补，结果让企业错失了 B 这样优秀的人才。

案例分析

案例中，CHO 犯了面试官常犯的错误，受困于首因效应、偏见效应和像我效应。比如，他因为候选人 B 是女性而有偏见，又因为 B 的穿着不够正式有了不好的第一印象；却因为 A 是他的校友而产生好感，并给予了更高的评价。CHO 在面试部门总监这样的关键岗位时，没有表现出应有的专业性，因此未能全面、客观地考察候选人。这不仅让企业错失了优秀人才，而且通常会让落选的候选人感到沮丧和失望，认为企业不尊重求职者，甚至有可能将不愉快的经历分享给同行，进而影响企业在人才市场上的口碑。

本节观点

卓越 CHO 深知面试本质上是一个沟通过程，通过对候选人的观察、与候选人的交流，试图准确了解候选人的工作经验与业绩、专业知识与技能、工作能力与态度、求职动机与规划、心理素质与爱好等信息，核心是准确判断求职者是否适应企业文化和工作岗位的要求。对面试官来说，重要的任务就是要避免在沟通过程中受到"噪音"的干扰，要透过现象去看本质。相反，在这个过程中，候选人通常也会利用信息不对称，甚至会通过"表演性"的方式，试图展现出自己最好的一面。所以，一个优秀的面试官要掌握面试沟通的技巧，比如提高意识避免主观偏见、合理设计流程并提前熟悉、营造有利于表达的氛围、进行有效提问并及时反馈等。

3. 不能沟通

案例回顾

某科技企业由于业务快速发展，员工数量也迅速增加。然而，企业的人力资源管理却相对滞后，尤其是 CHO 特别在意目标管理和考核落地，因此随着企业规模的扩大，组织结构也变得越来越复杂，比如独立运作的二三级部门特别多，每个部门都有严格的KPI。这样的状况导致内部沟通明显不足，部门间的壁垒使得信息无法有效传递，每个部门只关注自己的业务领域，不太熟悉其他部门的工作进展和创新成果。很多项目在需要跨部门协作时，缺乏有效的沟通机制，参与部门难以有效协调行动，导致项目进度缓慢甚至项目失败。久而久之，不仅让企业错失了一些重要的市场机遇，也让一些关键人才觉得难以施展才能，最后选择了离职。

案例分析

案例中，CHO重视考核机制本没有错，但过于关注目标分解、KPI，而忽略了内部沟通机制的搭建，其实是得不偿失的。现实当中，企业内部各层级、各部门之间因为信息不对称而出问题的比比皆是，即使是优秀的组织管理，也不可能完全消除内部信息壁垒。组织架构设计只是解决了权责划分的问题，部门之间、岗位之间如何协调运作在某种意义上更加重要。否则，在跨部门协作时，就出现了看似谁都该管，实则谁都不管，甚至想管也不知道怎么管或管不了的尴尬局面。到最后想干事的人难干成事；不想干事的人出了问题很容易就甩锅了。

　　卓越 CHO 深知随着企业规模越来越大，很容易患上"大企业病"，其中一个特别典型的表现就是存在沟通不畅的问题。这个问题的解决，尽管受限于企业内部的文化氛围、员工个人的意愿和能力，但关键是要把内部沟通机制搭建好。因为文化的营造是一个长期的过程，而员工的意愿和能力有不确定性，只有机制的建立才是常态化的。具体来说，要从明确沟通的目标、选择合适的沟通渠道、建立有效的反馈机制、倡导开放和坦诚的沟通、加强沟通能力培训和强化领导的带头示范等多方面入手，持续优化，才能从根本上解决企业内部不能沟通的问题。

（二）沟通思维的具体内涵

　　一个重视沟通的企业，能够确保信息的准确传递，以减少误解和冲突，从而提高工作效率和员工满意度。良好的沟通要求个体具备清晰表达、积极倾听和有效反馈的能力。善于沟通的管理者能够激发团队的创造力，增强团队的凝聚力，使企业在竞争中保持领先。可以说，沟通是人力资源管理的生命线，没有沟通就没有人力资源管理。沟通思维则是在这样的认识基础上构建的思维方式，其核心在于重视沟通的价值、理解沟通的本质、掌握沟通的技巧。

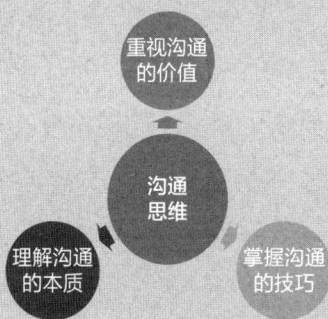

重视沟通
的价值

沟通
思维

理解沟通
的本质

掌握沟通
的技巧

1. 重视沟通的价值

人力资源的问题本质上是沟通的问题，都可以通过有效沟通去解决。当然，这里所谓的沟通既包括企业内部的沟通，也包括与外部相关方的沟通，两者都非常重要。

重视内部沟通

某知名科技企业一直将内部沟通视为企业发展的核心动力。在重大项目攻关时，企业会打破现有的组织架构，要求采用跨部门沟通的协同工作组，这个通常是由研发、市场、销售、生产等多个部门组成的沟通小组。

在项目启动初期，沟通小组定期举行会议，确保每个部门都能及时了解项目进展和各自职责。研发部门在遇到技术难题时，能够迅速与生产部门沟通，调整设计方案，以适应生产实际。市场部门则及时反馈市场动态，帮助研发部门调整产品特性，以满足用户需求。销售部门通过与研发和市场两个部门的紧密沟通，提前准备市场推广策略。

这种高效的沟通机制加快了项目推进的速度和提高

了质量。最终，新产品在市场上取得了巨大成功，销售额超出预期，用户满意度也得到了大幅提升。这个例子充分证明了企业重视沟通能够带来的良好成效：不仅提升了工作效率，还增强了企业的市场竞争力。

这是一次成功的产品创新，也是一个因沟通而获得成功的典型案例。高效的内部沟通就是如此神奇。当然，其中并不只是准确的信息传递和接收这么简单，还蕴含着开放透明的氛围、科学有效的机制、良好的沟通反馈，以及积极的员工心态等。

重视外部沟通

人力资源部虽然不像市场部那样，需要每天跟客户打交道，但也有着广泛的外部联系。比如，招聘需要跟猎头、招聘平台打交道，培训需要跟专家和机构打交道，处理劳动争议需要跟律师、劳动行政部门甚至法院打交道，打造雇主品牌需要跟人力资源服务企业和媒体打交道。与供应商和合作伙伴紧密沟通，才能确保供应链的顺畅和合作项目的顺利进行。通过媒体、社交平台等渠道积极宣传企业，才能塑造良好的雇主品牌；关注行业动态和市场趋势，通过外部沟通获取有价值的信息，才能为企业的人力资源决策提供更好的支持。

2. 理解沟通的本质

一个善于沟通的企业，能够准确把握沟通的节奏和方式，使信息在传递过程中不失真，同时能够引起接收者的共鸣，产生积极的反馈。

西南航空是一家在沟通方面表现特别突出的企业，通过一系列创新的沟通策略，确保了卓越的顾客服务和员工关怀。

企业鼓励开放和透明的沟通文化，定期举行员工会议，让员工了解企业运营状况和战略方向。CEO 和高层管理人员经常通过内部邮件和视频向员工传达重要信息，这种直接的沟通方式让员工感到被企业重视和信任。对外，西南航空通过社交媒体和客户服务渠道，与顾客保持紧密的联系。企业利用 Twitter、Facebook 等平台及时解答顾客的疑问，甚至解决飞行中的问题。客服团队以友好、幽默的沟通风格著称，不仅提升了顾客的满意度，也增强了品牌的亲和力。在一次飞行延误中，客服人员在 Twitter 上用幽默的方式向顾客解释情况，并提供了补偿方案，这种积极的沟通方式得到了顾客的广泛好评，也增强了顾客对品牌的忠诚度。

西南航空的经验，让我们很容易发现，"透明"是沟通的第一原则，"真诚"是高效沟通的必杀技，"幽默"是破除沟通中情绪干扰的利器，但沟通的本质是信息传递，实现信息发送者和接收者之间的信息对称。从这个意义上来说，西南航空沟通策略的核心，是让顾客、员工和其他利益相关方了解真实的情况。

3. 掌握沟通的技巧

沟通是一门艺术，掌握一些关键的沟通技巧，并有意识地学习和实践，可以不断增强沟通技能。

营造良好的氛围

良好的氛围可以让沟通更加顺畅、高效，甚至可能直接影响沟通的结果。一个轻松、开放的氛围能让人更愿意表达真实想法，而紧张、压抑的氛围则可能导致误解、防御甚至冲突。有时候，氛围的营造并不复杂，一个真诚的微笑就能瞬间拉近距离，一句简单的问候或轻松的开场就能缓解紧张感。还有一个特别重要的经验是，抛出共同点可以快速建立信任或好感，比如共同的籍贯、经历、学校、爱好、熟人等。

懂得倾听很重要

倾听往往比表达更为重要。善于倾听能够让你更准确地把握对方的观点和情绪。在倾听时，要尽可能地保持专注和耐心，比如，放下手机或其他干扰物，不轻易打断或否定对方的意见，通过点头、眼神接触或简短回应（如"嗯""是啊""我明白"）等表明你在认真听，用自己的话复述对方的意思，确保理解正确。

注重反馈与修正

在沟通过程中，反馈和修正是必不可少的环节。通过及时反馈，可以发现自己在沟通中的不足之处，并进行改进。同时，他人的反馈也能够帮助我们更全面、准确地了解对方的观点和想法。在给予反馈时，要尽可能正面，比如肯定对方的努力和成果。在提出批评时，要尽量委婉，并给予鼓励、辅以改进建议，以便对方更容易接受。

用对方式和媒介

邮件等书面沟通比较正式，而且可以字斟句酌，更准确地表达自己的想法，并易于作为证据保留，但往往时效性比较差。谈话、电话等口头沟通比较随意，是最直接、快速的沟通方式，便于根据对方的情绪变化及时调整沟通策略，但受限于双方的表达能力、理解能力和现场环境，容易产生误差，特别是经过片面解读或断章取义后，更容易变成被传播的流言蜚语，混淆视听。另外，要善于运用面部表情、身体姿势等，因为这些肢体语言可以补充口头语言的不足，增强沟通效果。除此之外，对外的正式沟通要善于借助媒体的力量，因为媒体具有覆盖面广、影响力大等特点。

（三）如何培养沟通思维

以下这些问题是每一个渴望提高沟通能力的人要去思考的：在工作时，是否关注沟通的重要性？是否清楚信息有没有准确传达？是否知道换位思考是什么？是否真正善于倾听？是否善于运用沟通的技巧？是否达到沟通的目标？而作为 CHO，需要从更加宏大的视角去进行沟通思维的培养，要从价值认知到具体实践，全方位提升沟通水平。

1. 积极通过沟通解决问题

> A是某企业人力资源部出了名的大龄剩女，平时性格有点偏执，好不容易找到合适的对象，结婚不久就怀孕了。A和家人都特别开心也特别紧张，A很怕孩子出问题，所以从此工作上就开始"摆烂"。她自认为是高龄孕妇，又非常熟悉劳动法，知道有孕期保护，企业不能开除她，于是经常在给她安排工作时说自己压力大，在被批评时说感觉身体不舒服，感觉动了胎气。最麻烦的是，她还经常拉着其他同事聊天，打扰部门同事正常工作。部门经理B苦不堪言，后来忍无可忍决定找A好好谈谈，结果反被责备不关心孕妇。B很无奈，只得向CHO求助。最终，CHO经过跟A深入沟通，动之以情晓之以理，妥善解决了此事。

人力资源管理中的大多数问题，都可以通过沟通解决。案例中A虽然难缠，但首先别回避，虽然B沟通之后也没有解决问题，但至少亮明了部门的态度，进一步摸清了A的心态；其次别升级，尽可能通过沟通消除或减少负面影响，否则矛盾升级，以 A 的状态，肯定会让事情变得更复杂；最后别放弃，有时候一次沟通不见效，可以多沟通几次，或者换个方式、换个人再沟通。案例中，CHO 出面沟通后奏效，一方面是因为他比 B 更有经验，另一方面是因为他的身份不同，A 虽然不讲道理，但还是会顾忌得罪 CHO 的后果。

2. 从员工的角度看问题

沟通过程中换位思考非常重要，它不仅能帮助我们更好地理解对方的感受，还能减少误解、增进互信，促进更有效的交流。

置身于员工的处境

"未经他人苦，莫劝他人善。"我们要设身处地地在员工的处境去看待问题，包括了解员工的工作环境、家庭压力、职业期望等，想想他为什么会有这样的情绪，是什么事情或需求导致的，再通过恰当的语言或行动表达对对方的理解和尊重。比如多使用"我能理解……""我知道……这是很正常的""换做是我可能也会……""现在这个情况……确实会让人很担心"之类的话，避免一上来就批评或指责对方，避免使用模糊不清的词语，减少误会。

换成员工的思维

要换成员工的思维去沟通。一个人的成长经历、家庭环境、教育背景等，会影响他的认知和思维方式，认知和思维方式一旦形成是很难改变的。放下自己的固有观念，尝试以开放的心态去理解对方的思维方式，并正视彼此想法的不同，在沟通中积极寻求双方都能接受的解决方案，而不是一味地固执己见。比如，如果对方习惯感性思维，那 HR 就不宜提供清晰的逻辑链条和证据，而是要注重情感共鸣和整体感受，避免用过多的数据、过于细节化的分析去沟通。如果有可能，根据对方的理解能力和语言行为模式，选择合适的方式来表达自己的观点。

3. 学会倾听员工诉求

倾听不止是听见这么简单。倾听是个耳心脑共同发挥作用的过程，用耳倾听、用心感受、用脑思考。好的倾听，倾听者应当看到倾诉者的价值，倾听能够帮助管理者发现潜在问题；好的倾听，倾听者应该理解倾诉者的习惯、不同的表达方式和风格；好的倾听，是观察的艺术，语气、神态，那些非语言信息中包含着更多的内容；好的倾听，不是单向的，及时反馈才能让倾诉者感受到支持。在倾听过程中，不要随意打断对方，要给予对方充分表达的机会，在不确定的时候，可以重复对方的话，来确认自己的理解是否正确。

4. 把握情理法统一的原则

在管理沟通的过程中，HR 表达的内容逻辑非常重要，遵循情为先、理为上、法为下的原则能够事半功倍。

情为先

所谓情为先，就是先用感情拉近双方距离，这样能够在双方之间建立信任和好感，有助于沟通的顺利进行。比如，上述案例中，CHO 一开场，先关心了 A 的身体状况，并用过来人的经验，告诉了 A 一些孕期的注意事项，让 A 觉得特别暖心。

理为上

所谓理为上，就是先用常理来引导对方，这样便于达成共识，而不是一开始就聚焦在矛盾点上。上述案例中，CHO 在跟 A 沟通时说，A 也知道平时部门的工作很忙，现在她怀孕了，部门为了照顾她已经尽可能地少给她派活；这样其他同事就更忙了，如果这个时候 A 还老打搅其他人，换位思考，别人肯定也挺烦的，相信这也不是 A 的本意。

法为下

所谓法为下，就是坚守法律法规的要求，这样可以理清双方的权利、义务及矛盾继续发展的终极后果，明确底线。上述案例中，CHO 在沟通时提及，其实按照法律规定，虽然有孕期保护，但如果 A 继续这样，严重违反企业规章制度，企业也是有权辞退她的。

所有人力资源的问题

都能通过沟通避免

或者解决。

CHAPTER 8

| 第八章 |

发展思维

（一）缺乏发展思维的常见错误

发展思维，本质上就是能够积极接纳并主动拥抱变化，敏锐洞察未来趋势。具备发展思维的CHO，能为企业带来无限机遇。他们能够引导企业在变革的浪潮中持续成长，实现可持续发展。面对瞬息万变的世界，他们会不断调整自身的认知与行为，以从容应对新的环境和挑战。作为企业的高管，CHO若想拥有发展思维，就绝不能目光短浅、行事刻板，更不能不懂得互惠互利。

1. 培训是浪费钱

有一家中小型民营科技企业，其主营业务是软件开发与信息技术服务。该企业的CHO对培训工作一直是很轻视的态度，认为培训是浪费时间、浪费成本，觉得员工应在工作中自行学习成长，企业没有义务去提升员工的能力。他的这种态度导致该企业的培训体系名存实亡。新员工入职后，仅能接受简单的岗位操作培训，缺乏系统性的职业发展规划和技能培训。老员工更是长期处于"吃老本"状态，获取新技术、新知识的渠道非常有限。

案例分析

案例中的CHO如果是基于所在企业经营压力大，对成本支出特别关注，那还情有可原，毕竟对中小企业来说，活下来最重要，但主观上有偏见，认为员工培训就是浪费钱，那显然是错误的观点。不重视员工培训，其实会带来很多问题，包括员工能力不足、客户满意度下降、企业竞争力下降、企业文化受损，甚至法律与合规风险等。虽然通过正常招聘，可以实现新老交替，补齐能力的短板，但由于老员工长期"吃老本"，出于对自身岗位安全的考虑，更容易出现排外情绪，使新人进不来，或者即便进得来也留不住。

卓越 CHO 深知员工培训对于企业持续发展的重要意义，会积极主动地推动员工培训体系的建立和完善。而且他们明白，人力资源投资是个长期的过程，员工培训，特别是能力素质方面的培训，效果很难立竿见影。他们会从支持企业战略目标实现的角度出发，结合人力资源的供需状况、企业所掌握的培训资源情况，以及行业发展趋势等，来系统规划整个企业的培训，确保培训内容实用、方法科学、结果可衡量，真正做到投入少、效果好。

2. 不懂因材施教

👤? **案例回顾**

在某财富管理企业的战略讨论会上，CEO 表达了对市场团队的强烈不满，提出务必加快提升销售队伍的专业能力。CHO 为了突显自己执行力强，花重金购买了一家培训机构的课程，组织全体销售人员开展了为期一周的"高端客户服务技巧"专题培训。培训面向所有网点的销售人员，包括新入职的初级理财经理和高级财富顾问。培训内容涵盖了客户心理学、沟通技巧、投诉处理等主题。CHO认为这么快组织培训，一定会让大家拍手称赞。谁知培训之后，却好评寥寥，甚至不少市场部的同事认为这次的培训是劳民伤财的活动。

案例分析

案例中，CHO组织这次培训其实是私心占了主导，指望通过标准化的培训课程，让所有的销售人员都受益，实在是有点理想化了。企业中不同岗位、不同层级的员工，其学习需求和发展目标都存在显著的差异。"一刀切"的培训方式，不仅造成了培训资源的浪费，还让不少参训人员倍感疲劳和乏味。参与度低、培训效果差，是因为资深销售经理已经掌握了大部分内容，他们觉得培训缺乏新意，浪费时间；而新入职的初级销售员对客户心理学等主题感到难以理解，无法跟上进度，另外整整一周的培训，基本都是灌输式的讲座，缺乏互动、分享和模拟实践的环节。

本节观点

卓越CHO深谙因材施教的道理，他们在组织培训的时候，不会盲目、仓促，往往会充分调研培训需求，既考虑企业和业务的需求，也非常重视员工的主体性，会详细了解他们的实际状况和职业发展目标，同时会与相关部门紧密配合，根据部门的工作需要和工作计划，共同制订个性化的培训和发展计划，并且在培训方式的确定上，因地制宜选择恰当的方式。除此之外，他们还特别关注培训的体系建设，因为他们知道，从需求分析到方案设计，再到实施准备、效果评估和后续跟进，每个环节都缺一不可，只有形成闭环，才能确保整体效果。

3. 不愿成人之美

案例回顾

某大型企业的 CHO，手下有一名非常优秀的人力资源部总经理 A。A 在人力资源部工作五年，一直兢兢业业，成绩也非常突出，多次获得表彰，深受领导和同事的认可。最近，高层有意将 A 调到某省级分公司担任二把手，但 CHO 对此表示反对。CHO 不仅在高层会议中强调 "A 不太熟悉业务，还需要多锻炼，而且性格不够沉稳，受不得委屈，抗压能力比较差"，而且在多数领导明确表示支持的前提下，刻意拖延提拔进程，甚至此后对 A 的态度变得冷淡，还尽可能不让 A 在重要场合出现。因为 CHO 觉得 A 本来能力就很强，如果让 A 到省公司锻炼，将来可能会威胁到自己的地位。

📜 案例分析

案例中，CHO 明显缺乏培养和提拔下属的格局，没有以企业的利益为重，而是优先考虑个人得失。他这样自私自利的行为，也让 A 感到非常困惑和失望。A 认为过去五年自己这么支持 CHO 的工作，但 CHO 在关键时候"不但不帮忙还撤梯子"。而且 A 自认为已经具备了担任省级分公司副经理的能力，从他个人的职业生涯发展来说，也是一个特别难得的锻炼机会，所以从此以后 A 对 CHO 的态度发生很大转变，工作状态也远不如之前了。

📝 本节观点

卓越 CHO 深知领导者要接受"长江后浪推前浪"的趋势。这不仅是组织发展的需要，也是领导者胸怀和格局的体现。如果企业的大领导没有大的格局和胸怀，恐怕就很难有人愿意跟随了，而且作为企业高管，也是企业的形象代言人，影响着员工对企业的评价。一个不能容人的高管，可能预示着一种不能容人的企业文化。在这样的氛围之下，员工积极性下降、团队士气低落和企业人才流失是必然的。换个角度来看，"长江后浪推前浪"其实是组织发展的必然趋势，在与"后浪"的互动过程中，领导者作为"前浪"也能不断学习和进步。

（二）发展思维的具体内涵

　　发展思维是一种从组织持续发展及目标实现的战略高度，去认识和解决人力资源问题的思维模式。在理论研究领域，发展型人力资源管理已成为备受关注的热门话题，HR 要有发展思维也早已成为业界的共识。作为企业人力资源的最高长官，CHO 更要深刻理解发展思维的内涵，在工作层面至少要统筹考虑员工发展、条线建设及下属培养三个方面。

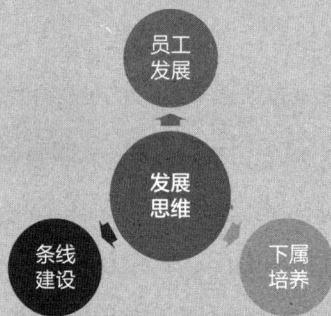

1. 员工发展

拥有一支高素质、高技能的员工队伍是企业管理者梦寐以求的。CHO应该通过制订科学的员工发展计划、提供多样化的培训和发展机会、建立有效的激励机制等措施，为全体员工的成长和发展创造有利条件。

个人发展计划

阿里巴巴为充分激发员工潜能，推动个人与组织的协同发展，精心实施了全面且系统的个人发展计划（Individual Development Plan, IDP），并收获了显著成果。该计划的核心要义在于为每一位员工量身打造专属的职业发展路径。在新员工入职初期，阿里巴巴便会与上级领导及人力资源部门共同研讨，制订一份详尽的个人发展计划，明确短期和长期的职业目标，规划所需掌握的技能及具体的晋升途径。这份计划不仅聚焦员工业务技能的精进，还高度重视领导力、团队协作能力、创新思维等综合素养的培育。

阿里巴巴内部设立了专业的阿里巴巴学院，提供丰富的在线课程与线下研讨机会，内容覆盖技术、管理、产品等多个关键领域。同时，积极鼓励员工参与跨部门项目及提供国际交流等实践机会，助力员工拓宽视野、积累经验。阿里巴巴还构建了完善的绩效评估体系，定期对员工的工作表现进行客观、公正的评估，并依据评估结果灵活调整个人发展计划。

通过 IDP 的有效实施，阿里巴巴不仅显著提升了员工的职业技能和综合素养，还极大地增强了员工的归属感与忠诚度，反过来员工的发展又为企业的发展注入了更强的动力。阿里巴巴借助个人发展计划，达成了个人与组织的双赢局面，为企业人才发展战略提供了极具价值的范例。

个人发展计划是帮助员工明确职业目标、掌握技能并实现职业成长的重要工具，有助于解决个人发展意向与企业需求之间的矛盾。阿里巴巴的案例也充分说明，有效的 IDP 不仅能提升员工的能力和满意度，还能为企业培养更多优秀人才，注入更多活力。

员工培训与开发

员工培训与开发能有效提升企业的竞争力，是实现组织战略目标的强大推力。一个良好的培训开发方案，要有明确的培训需求和目标、合理的培训内容设计、高效的培训实施计划、严格的培训过程管理、有效的培训评估体系。一套良好的培训开发体系，能建立起比较完善的内部学习机制，激励员工持续学习、勇于创新。培训开发本质上是一项必要的、长期的、有助于促进劳资双赢的投资行为，企业应高度重视，并将其纳入战略规划的视野。

人才梯队建设

人才梯队建设是员工发展中的一项核心内容，旨在通过系统规划与培养，确保关键岗位在面临人员变动时能够迅速应对。健全的人才梯队建设主要包括以下四部分内容。

（1）确定关键岗位。这些岗位通常涉及企业的核心业务、技术创新、战略管理等方面，其人员变动可能对企业产生重大影响。

（2）人才盘点。这个关键步骤要求企业全面审视现有员工的能力、潜力和职业兴趣，识别具备高潜质的"明日之星"，并通过评估和测评建立起人才数据库，为后续的定向培养提供数据支持。

（3）定向培养。针对关键岗位和识别出的高潜质人才，企业需要制订个性化的培养计划。

（4）跟踪与评估。企业需要建立完善的跟踪机制，通过定期的绩效评估和能力评估，来审视人才梯队建设的成效，并采取相应的改进措施。

2. 条线建设

CHO 作为人力资源的最高领导，承担着整个人力资源专业条线建设的重任。企业所有的 HR 都是 CHO 的"兵"。这些兵及其使用的工具共同构成了企业人力资源的专业系统。这个系统运营效率的高低，是评价 CHO 工作好坏的重要标准，而实现体系化、专业化、合规化、信息化是系统高效的重要保障。

体系化

体系化强调构建一个全面、系统且相互关联的管理框架，通过整合招聘、培训、绩效、薪酬等各个人力资源模块，能够确保人力资源管理活动的协调一致和高效运行。

专业化

专业化要求从业人员具备扎实的专业知识和技能，能够为企业提供科学、合理、高效的人力资源解决方案。这就要求所有人力资源的专业岗位实现人岗匹配。

合规化

合规化要求企业必须严格遵守国家法律法规和行业规范，确保人力资源管理活动不违法违规，同时也要求企业建立健全的内部管理制度，加强员工培训和合规意识教育。

信息化

信息化强调人力资源管理要善于运用现代信息技术，提高人力资源管理的效率和准确性，改善服务体验，同时，努力实现人力资源管理的数据驱动决策。

3. 下属培养

工作指导

CHO不仅要指导直接下属设定清晰的工作目标，还应该帮助他们理解任务的全貌和关键环节，在任务执行的过程中，还可以给他们分享自己对行业的理解和自己的工作经验，鼓励下属进行创新思考，同时阶段性地对下属的表现给予客观的评价，指导他们更好地开展工作。

困难排除

面对下属在工作中遇到的难题和挑战，CHO 要展现出高度的责任心和敏锐的洞察力，与下属共同分析问题，积极调动内外部资源，为他们解决问题创造有利条件，并通过提供专业指导和心理支持，帮助下属建立应对困难的信心和勇气，确保工作顺利推进。

职业指导

CHO 要深刻认识到职业发展对下属的重要性，指导他们建立清晰的职业发展计划。这就需要深入了解下属的职业兴趣、优势领域和发展目标，提供针对性的培训和学习机会，同时还应当积极为下属拓展职业网络，提供与业界专家交流的平台，通过这些努力，帮助下属在职业生涯中取得更大成就。

及时纠偏

CHO 应当及时纠正下属的偏差和错误。一方面，通过定期的工作评估和日常的观察，及时发现潜在的问题，并采取有效措施进行预防；另一方面，当下属犯错之后，要通过和他们的深入沟通，了解问题的根源，共同制定改进方案，让下属在失败中更快成长。

（三）如何培养发展思维

　　组织会随着时间的推移而不断演变，团队能力也会不断更新。具备发展思维的人会理解"世界上唯一永恒不变的就是变化本身"。这句话的含义他们往往对未来充满信心，始终保持对新知识、新技能的学习热情，以更好的状态来从容应对瞬息万变的世界。因此，在培养发展思维的过程中，首先要以一种开放、包容、长远的心态去看待员工的发展。

1. 综合考虑员工发展的成本

外部招聘成本真的低吗？

新员工的加入能为企业带来新鲜血液和不同的视角，他们可能会成为组织变革的推动者，在企业中形成"鲇鱼效应"。外部招聘看似能迅速填补职位空缺，减少内部培养的时间成本，但深入分析后不难发现，其真实成本并不像想象中那么低：（1）企业要额外负担直接招聘成本，如广告费、猎头服务费等；（2）外部引进的人才往往伴随着更高的薪资要求，变相增加了人工成本；（3）外部招聘可能会打击内部员工的积极性，引发"外来的和尚好念经"的误解，影响团队氛围和士气；（4）招聘失败的风险也不容小觑，一旦新入职员工无法胜任或离职，企业将面临再招聘的重置成本和时间损失。

内部培养成本一定高吗？

内部培养确实需要企业投入，严格来说，除了跟培训相关的课程费、师资费、材料费、场地费，以及参训人员培训期间的工资等直接投入，还可能包括随着员工能力的提升，为了留住他们需要进行调薪而产生的间接投入。这些都属于显性成本，其实还包括参训人员可雇佣性提高之后，被挖走而产生的隐性成本。然而，当员工感受到企业的重视与悉心培养后，其工作满意度和归属感会得到提高，这有利于提升工作效率，增强团队凝聚力。另外，注重内部培养还能够激发员工的内在动力，营造积极向上的企业文化，为企业的长远发展筑牢人才根基。

内部培养性价比的高低，关键在于企业能否进行科学规划、精准投入。通过构建完善的人才培养体系、优化资源配置及建立有效的激励机制，企业能够在控制成本的同时，实现人才的持续增值。

2. 发挥每个员工的最大潜能

人无完人

管理的价值在于发挥每个员工的最大潜能。作为管理者，要摒弃偏见，避免用苛刻的标准去衡量员工，要知道人无完人，没有谁是样样精通的。团队中每个员工都有其独特的优势，也许个别"牛人""能人"确实可以给团队带来惊喜，但团队更大的成功依赖于成员之间的合作与互补，而不是依赖于个人的完美。

用人之长

管理就是要用人之长，这样才能使团队效能最大化。因此，在选人用人时，CHO 应聚焦于员工的优势和特长，通过详细考察员工的能力，将其放到更能发挥优势的岗位上，努力实现"人岗匹配、人尽其才"。只有这样，才能真正激发员工的工作热情和创造力。

潜能无限

每个员工都可能蕴藏着巨大的潜能，关键看有没有合适的环境帮助他们发挥出来。当企业成为员工成长和发展的沃土时，员工的潜能将被无限放大，为企业带来意想不到的价值和贡献。因此，企业应当提供多样化的专业培训和发展资源，鼓励员工尝试新事物、挑战自我；建立公正、透明的激励机制，认可并奖励员工的成就和进步；营造开放、包容的工作氛围，让员工敢于表达自己的想法和创意。

3. 打造属于自己的专业队伍

CHO 要以战略为引领，以人才为核心，精心打造一支专业、高效、富有创造力的 HR 队伍，为组织的长远发展奠定坚实的人力资源基础。在打造属于自己的专业队伍时，CHO 要注重组织体系、制度体系及操作体系的建设。

组织体系

人力资源条线内部要有明确的管理架构、岗位设置及清晰的职责分工。特别是在集团化管控中，人力资源部通常会实行垂直一体化管理，即二级、三级企业的人力资源部要双线汇报，也就是说需要向所在企业的 CEO 和上级企业的人力资源部负责人同时汇报工作。在这样一体化管控的背景下，HR 内部组织体系中的授权就显得尤为重要。作为专业管控体系的负责人，CHO 要把握好授权的尺度，既要避免因过度集权导致工作效率低下，又要防范因权力滥用而产生的风险。

制度体系

人力资源制度体系是 HR 工作的重要抓手，首先要有一致性，即"选用育留"各个模块的具体规章制度需要相互衔接、协调一致，避免制度间的冲突与矛盾；其次要有权威性，即确保制度一旦制定即成为全体成员要共同遵守的准则，任何人或部门都不得违反或变通执行，因此 CHO 需要亲自参与人力资源制度的设计与审定过程，确保制度的科学性与合理性；最后要有公开性，应加强制度宣传与培训，增强制度的公信力和可接受性。

操作体系

人力资源团队成员的工作能力至关重要，建立健全 HR 的能力评估与反馈机制，及时发现并补齐员工能力短板，促进其全面发展；在操作风险控制方面，需要构建完善的风险识别、评估与应对体系，确保在运营过程中能够及时发现潜在风险并采取有效的应对措施；同时还要依托企业内控人员的支持，加强过程监督，确保各项操作符合规范要求，降低风险发生概率。

4. 保持帮人就是帮己的心态

培养好下属会让你更轻松

只要你耐心指导、悉心栽培下属，他们就会逐渐成为你的好帮手。他们不仅能够高效地完成分配的任务，减轻你的工作压力，还能在你需要时伸出援手，和你共同面对挑战。这种团队间的相互支持与协作，能使工作氛围更加和谐，你的管理任务也会因此变得更轻松。此外，通过培养下属，你还能激发团队的潜能，促进创新思维，为组织带来源源不断的发展动力。这样的良性循环，可以让你在领导岗位上更加游刃有余。

引导好下属会让你更省心

有效引导下属，首先，事前进行清晰明确的沟通并精准设定期望，确保下属能准确理解任务目标、工作标准及完成期限，进而避免不必要的误解和失误；其次，过程中给予指导，帮助下属优化工作方法，降低返工和补救的概率；最后，增强下属的责任感与自主性，使其逐步掌握自我管理和自我提升的能力，让 CHO 在管理过程中更省心省力。

利用好下属会让你更放心

优秀的领导不在于自己能干，而是他能带领团队干得好。CHO 深入了解下属的特长与优势，并依据实际工作场景进行合理的任务分配与资源调度。当 CHO 能够充分挖掘并发挥下属的专长时，下属不仅能在擅长的领域施展才华、取得优异成绩，还可能凭借其独特视角为团队带来意想不到的创新思路。下属在被肯定之后，也会更积极主动地为团队而努力。这种建立在信任与尊重基础上的合作关系，会让 CHO 对下属的工作能力和职业素养充满信心，能更放心地将重要任务交给下属，从而形成良性互动。

替员工想得长远，
员工才能陪你长久。

CHAPTER 9

| 第九章 |

集体思维

（一）缺乏集体思维的常见错误

　　现代人力资源管理虽然强调以人为本，但从社会学的角度来看，企业和员工之间的矛盾是客观存在的。人力资源管理兴起的一个重要背景，就是企业想要避免激烈的劳资冲突。而且从历史方面来看，"科学管理"之所以能够诞生，也是因为当时企业受到工会运动的冲击，泰勒认为可以通过科学的方法来改进工作过程，提高生产效率，然后通过收益共享实现劳资共赢。可见，无论人力资源管理还是管理学，都有一个潜台词，劳资双方存在根本性的利益冲突，并且员工一方应当被看作一个整体，而非总是被当成完全独立的个体。

1. 亲如一家

案例回顾

　　某家迅速崛起的新锐企业，其市场份额与利润均呈现稳步增长态势。然而，在光鲜亮丽的背后，企业内部却时常响起员工的抱怨之声。原来这家企业的CHO经常把"企业和员工亲如一家、企业好了员工也好"挂在嘴上，自己是个工作狂，平时加班到很晚才走，离开之前还会特意去看看有谁在岗，内部开会的时候，他也要求HR加强考勤管理，鼓励奋斗拼搏的创业文化。一段时间之后，CHO发现不少员工频繁请假，且多为病假，这背后隐藏的真相令人震惊——长期超负荷工作已让他们身心俱疲，个别员工还因为长期透支身体出现了比较严重的健康问题。结果CHO却批评有的同事"不抗造""比较娇气，还不如自己一个50多岁的人"。久而久之，越来越多优秀的员工因为接受不了这样的加班文化，陆陆续续辞职了。

案例分析

　　案例中，CHO的要求看似是为企业好，但以损害员工健康为代价的方式，是不可持续的。现实情况中，在他非理性的要求之下，员工伤的伤、走的走，极大地影响了企业的正常发展。即便真要在企业中倡导所谓的"家文化"，也不应该光有口号。如果真的像他所说"企业和员工亲如一家"，那他是不是应该多关心关心作为"家人"的员工是怎么想的，以及他们有什么困难？在发现"家人"身心俱疲、健康出问题的时候，他是不是应该及时采取补救措施呢？

本节观点

卓越 CHO 虽然也会强调劳资共荣，甚至一家亲，但是他们心里很清楚，但现在的时代背景之下，企业和家不可能一样。而且两者从伦理关系的角度来说，也是完全不同的，前者是基于契约和利益建立的，注重职责、效率和公平竞争，后者则是基于血缘和情感建立的，强调亲情、关爱和无私付出。在家庭事务的处理中，情感和道德是主要决策依据，倾向于优先满足成员的情感需求；而在企业事务的处理中，理性和规则主导着决策逻辑，企业的目标是实现利益的最大化。因此，即便要倡导"亲如一家"的企业文化，先应当明确核心价值观，同时建立支持性的制度机制，强调高层领导的率先垂范，并注重物质层面的展示和传承，通过精神层、制度层、行为层、物质层来全方位打造"家文化"。

2. 顾此失彼

案例回顾

　　某制造企业拥有两个生产部门，其中一个是自动化生产线，采用的是最先进的技术和装备，生产效率很高；另一个是传统生产线，主要依赖人工操作，因此人工成本较高。CHO认为自动化生产线上的员工才是未来，因此在工资待遇、培训、晋升上长期给予倾斜，导致传统生产线的员工心有不满。他们觉得虽然自动化生产线对员工的学历要求更高，但不过是简单"按几个键、点一下系统"就结束了，而传统生产线却很考验员工的手艺、专注力。年底企业评选优秀员工，结果CHO又大搞差别待遇，自动化生产线的名额分配比例远高于传统生产线。个别呼声很高的传统生产线上的员工因为优秀名额不够最终落榜，员工觉得很不公平有意撂挑子，直接引发了整个传统生产线员工长期积压的不满情绪，最终演变成大规模停工，给企业带来巨大的经济损失和声誉损失。

案例分析

　　案例中，自动化生产线的员工因为岗位任职要求不同，在劳动力市场上的供需情况也不同，而且企业处于技术转型升级的阶段，对自动化生产线的员工给予更多的培训和晋升机会，其实是符合战略发展需要的。然而，对同属生产部门的传统生产线上的员工，要考虑这种差别待遇是否在合理的范围之内。同时，一定要做好引导，让大家正确看待这种差别，理解差别的合理性、必要性。CHO作为企业高管，主观上要摒弃偏见，要同等地看待不同生产线、不同岗位员工的价值，坚持大家都是企业的一份子，对企业来说都不可或缺的理念；客观上要尽量避免顾此失彼，有时候甚至为了安抚受到较差待遇的一方，还要给予他们更多的表扬和鼓励。

✍ 本节观点

　　卓越CHO深知内部员工"不患寡而患不均"，有时候员工虽然拿得比在其他企业少，但因为感情或其他因素接受这种现实，也不会觉得特别不公平，可如果他们觉得跟内部其他员工相比，自己干得多拿得少，那肯定就会想不通了。或者企业业绩好的时候，他们的待遇并没有改善，也会对企业产生不满。这实际上涉及薪酬管理的内部公平性和分配公平性问题。要从根本上解决这两大问题，就需要充分发挥劳资集体协商机制的作用。通过定期或不定期的劳资协商、劳资沟通，来满足员工的合理诉求，达成双方都能接受的解决方案，确保劳动关系的和谐稳定。即便不用召开正式的职工代表大会，但与各个部门、条线的员工代表进行沟通，也是必不可少的。

3. 众口难调

　　某集团二级销售公司的 CHO 为了提升门店运营效率，决定对员工的班次安排进行调整，从原来的固定排班制改为更加灵活的排班制。他认为新政策一方面可以结合员工的不同需求让他们选择更合适的班次，以便更好地实现工作和生活的平衡；另一方面能够更高效地调度人力资源，满足高峰时段和低峰时段的需求。他坚信，这样于公于私都是非常好的改变，肯定会赢得大家的一致支持。没想到，在高峰时段需要保证足够的人手，部分员工需要被迫接受不太喜欢的班次，导致他们有不满情绪，因此匿名投诉到集团总部。接二连三的投诉让 CHO 很恼火，也很委屈，他有意取消新政策改回原来的固定排班制度。谁知还没有付诸行动，就又有不少员工反映，希望维持新政策。CHO 觉得里外不是人，不改回去会被投诉，改回去又会引发更多的不满。

案例分析

　　案例中，为了提升门店的运营效率，CHO 的初衷是好的。

新政策本身也是合理的，总体上既方便了员工，又更好地满足了门店的人员需求，但众口难调，只要是改动，必然会让一些人不适应。作为管理者，在决策之前要权衡利弊，改的大方向一定要是对的，改的结果一定要是多数人满意的；但在决策之后就要有定力，不能一遇到阻力就想着回头。当然，从程序上来看，类似这样重大的人力资源政策，在推出之前应该广泛征求意见，在推出之后也要加强宣贯，同时在政策执行过程中，还要确保公平性和透明度。

本节观点

卓越 CHO 一定是拿捏人性的高手。他们清楚"萝卜青菜各有所爱"，几乎所有的制度都不可能让每一个员工都满意，但又肯定不能"面面俱到、各自为政"。因此，CHO 善于运用集体思维去处理类似问题：一是会注重集体优先氛围的营造，引导员工从整体利益出发考虑问题，而非局限于个人或部门的小圈子；二是会强调程序正义，即尽可能让过程公开、公平、公正，用群众雪亮的眼睛去堵住"悠悠众口"；三是会"发动群众斗群众"，因为员工当中难免会有捣乱分子或不合群的人，如果通过管理权威去打压，容易让矛盾激化，相反，让矛盾在员工内部去消化就会使解决过程更和谐。

（二）集体思维的具体内涵

　　集体思维的对立面会让人陷入误区，以至于让很多人力资源的问题无解。另外，集体思维又很容易与集体主义和群体思维混淆，其实三者之间是有明显区别的。集体主义强调个人利益要服从集体利益。群体思维是为了追求表面和谐而牺牲正确性的非理性心理现象。集体思维则是一种对企业与员工之间关系的认知方式。集体思维既承认劳资之间冲突的根本性，也强调劳资之间利益的一致性，而且劳资矛盾有可能转化为员工之间的内部矛盾。

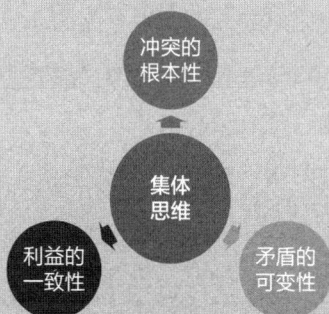

1. 冲突的根本性

企业和员工之间的冲突是不可避免的，其根源在于利益诉求的差异和信息不对称。

利益诉求的差异

企业作为资方，要追求利润最大化、成本控制和效率提升；而员工作为劳方，其目标是追求更高的薪酬待遇、更好的劳动条件、更优的职业发展，以及工作和生活的平衡。这种根本性的利益差异，使得劳资之间的冲突难以完全避免。虽然现代企业越来越看重人力资源的价值，在经营理念上也越来越强调在效率、公平和发言权之间寻找平衡，但企业的资源是有限的，而人的欲望是无限的，再加上个体的差异又必然导致资源分配的不均，所以不管怎么平衡，都只能减少劳资冲突、化解劳资冲突，不可能完全消除劳资冲突。

信息不对称

管理层和员工之间的信息不可能完全对称。双方掌握信息的数量、质量或时效性必然存在差异。一方面，信息受企业决策机制的影响，一些信息仅限于在特定范围内公开。比如，某上市企业出于战略考虑要削减成本，而这个情况仅限于高管和部门经理这个级别的人才知晓，为了企业的对外形象无法给员工解释得特别清楚，但只要最终削减成本的压力变为降薪、裁员，损害员工的权益，他们肯定很难接受。另一方面，信息的传递可能受到多种因素的影响，如企业内部沟通渠道不畅、管理层和员工的文化背景不同、信息传递的时效性不强，以至于双方的理解产生偏差，从而引发不必要的冲突。比如，严格的绩效考核可能在某些文化中被视为激励，而在另一些文化中则被看作压力。

2. 利益的一致性

尽管劳资冲突具有根本性，但企业和员工也具有利益的一致性，可以说是一损俱损，一荣俱荣。

双方拥有共同目标

企业的生存和发展是资方和劳方的共同目标。首先，在经济利益方面，企业的盈利能力和成长性直接影响资方的投资回报和劳方的收入水平。其次，在职业发展方面，企业为员工提供了职业发展的平台和机会，而员工的职业稳定和技能提升也为企业储备了人才。再次，在企业声誉方面，良好的声誉不但可以增强员工的自豪感和归属感，还可以提升品牌价值。最后，在市场竞争方面，企业的市场竞争力和创新能力依赖于员工的努力和创新，反过来也为员工带来工作成就感和职业安全感，提高员工的可雇佣性。

冲突对双方都不利

劳资双方合则两利，斗则俱伤。尽管双方的矛盾不可避免，但对企业和员工都会产生负面影响。真正理解这些负面影响，有助于双方更好地合作，避免冲突升级，实现共赢。当然，相比员工一方来说，企业通常可能更有主动权，如果员工不听话，企业可以将其边缘化甚至开除。当然开除一个员工并不是那么容易，有相应的法律风险和辞退成本，而且容易引发负面舆论，损害企业的市场形象和品牌价值。即便劳资双方没有闹到"分手"的地步，矛盾的存在也势必影响员工的士气、工作的积极性，从而影响其个人业绩。另外，劳资矛盾也可能导致团队内部的分歧和不满，影响团队协作和生产效率。

3. 矛盾的可变性

可以通过协调机制来化解

理解劳资冲突的根本性，核心是让我们清楚冲突是不可避免的，但这也并不是说劳资冲突是不能解决的。劳资双方利益的一致性，恰恰决定了劳资冲突可以通过有效的协调机制来化解。有效的内部沟通机制、公平透明的决策流程、平衡利益诉求的激励措施、多样化的员工关怀、员工满意度调查等，都能发挥积极的预防作用。即便未能有效预防，还可以通过及时介入、员工申诉、工会调解、协商谈判等方式，有效化解劳资矛盾。在必要时，还可以引入中立的第三方来居中调解，比如邀请外部专家或顾问参与调解，帮助双方达成都能接受的解决方案。

可以转化成员工内部矛盾

劳资矛盾可以转化，并不意味着 CHO 就能忽视或回避问题。相反，它要求企业在面对矛盾时采取更加积极、主动的态度。面对矛盾，管理层的目的不能是简单地寻求一个"对"或"错"的答案，而是要努力寻找一种能够兼顾各方利益、实现共赢的解决方案。迈克尔·布若威（Michael Burawoy）在《制造同意》一书中已经为我们详细介绍了劳资之间的矛盾可以被所谓的"超额游戏"异化，从而使其发展成为同意，甚至是工人之间的竞争矛盾。当然，从"劳资矛盾"向"劳劳矛盾"转化的过程中，如果处理不当，极有可能进一步加剧劳资双方的分裂和员工的不满，给企业造成更大的伤害。

（三）如何培养集体思维

集体思维不仅是 CHO 在日常工作中的重要工具，更是推动组织变革和持续发展的关键力量。在快速变化的商业环境中，CHO 必须善于运用集体思维来提升决策质量、提高团队协作效率、促进团队更好地实现共同目标。这种思维可以通过理解一元和多元的相对性、把员工当作一致行动人、善于利用员工中的发言人、利用群体行为特征巧沟通等方法来培养。

1. 理解一元和多元的相对性

一元和多元是劳动关系中两种截然不同的理论框架，分别代表了不同的管理哲学和冲突观。在雇佣关系的管理实践中，虽然人力资源管理更倾向于一元论，但也不能绝对化，否则不利于冲突的管理和解决。

一元——凝聚力的源泉

一元论认为组织是一个和谐的整体，企业和员工之间的利益是高度一致的，因此主张促使团队成员趋向共识，聚焦于整体目标与价值观。这种导向能够深切地激发成员的归属感与责任感，使他们心往一处想，劲往一处使，共同为集体目标的实现而不懈努力。在构建集体思维的过程中，我们需明确并凸显这些一元论的要素，确保每位成员都能深刻理解并认同共同的愿景与追求。然而，值得注意的是，一元论有潜在的负面影响，可能使团队成员忽视或抑制不同的声音，从而在一定程度上限制创新与批判性思维的产生。

多元——创新力的源泉

多元论认为组织是由不同利益群体组成的，企业和员工之间存在天然的利益冲突，它主张通过建立相应的机制来平衡各方利益，强调在团队内部要营造相互尊重、相互包容的氛围，以接纳并融合多样化的利益诉求、价值观念。这样不仅能够拓宽团队成员的思维，激发更多的创意火花，更能在企业中培育一种积极向上的文化，为持续创新提供动力。当然，我们也应该认识到单一视角的局限性，在多元化日益成为时代主流的今天，我们需要以更加开放的心态去拥抱并尊重不同的观点。

一元与多元的平衡策略

在培养集体思维的过程中，要深刻理解一元与多元的相对性，以便达成团队一致性与多样性的微妙平衡。团队既要坚定不移地追求共识，确保每位成员都朝同一目标努力，又要正视员工的多样性，从多元视角与创意中汲取养分。实现这种平衡可以借助以下策略：（1）确立并普及组织的共同愿景与目标；（2）积极倡导多样性与包容性文化；（3）努力营造开放沟通的良好氛围；（4）建立健全有效的冲突化解机制；（5）提供员工成长与发展的机会，求同存异，真正发挥集体的力量。

2. 把员工当作一致行动人

共同的身份

在企业中，无论级别高低，本质上所有的员工都是劳动者。这种共同的身份，决定了他们在劳动关系中具有从属性，即在经济上、组织上和法律上从属于企业，换句话说，都需要通过自己的劳动来换取报酬，都受制于企业规章制度和劳动合同的约束。虽然管理者实际上扮演着双重角色，他们一方面是劳动者，另一方面也是资方代表，负责执行企业的战略决策和管理运营，但涉及全体员工的福利待遇、政策措施或者集体协商的成果等内容时，管理者因为同样可以享受这些权益，所以也会跟普通员工站在一边。

共同的组织

工会是最典型的劳动者集体组织，其核心功能是维护劳动者的合法权益，帮助劳动者争取更好的工作条件和福利待遇。可能不少人都觉得，平时不太能感受到工会的存在和价值，但从数据来看，目前全国有280多万个基层工会组织、近3亿名会员，工会覆盖率其实非常高，在国有企业中更是100%有工会。一旦企业设立了工会，不仅可以通过集体协商去争取员工的集体权益，而且劳动法律法规还设定了不少"预告性的规则"，比如，企业单方解除劳动合同，应当事先将理由通知工会，否则劳动者可以主张企业违法解除劳动合同，并请求企业支付赔偿金。

共同的博弈

员工和企业的合作过程，实际上也是一个博弈的过程。员工通常希望"钱多事少离家近"，而企业则希望员工"多干少拿好管理"。在博弈过程中，员工天然处于弱势地位，因此，他们更希望采取"抱团"的策略，来争取共同的利益。这种现象在劳动关系中非常常见，尤其是在员工感到自身权益受到威胁时。当然，最终不一定表现为正式的组织形态或激烈的劳资冲突，但众人拾柴火焰高，集体的力量一定更强大，更容易让企业妥协。

3. 善于利用员工中的发言人

主动发掘员工中的意见领袖

在培养集体思维的进程中，策划一系列旨在强化沟通与协作的团队建设活动显得尤为重要。这些精心设计的活动，不仅能营造一种轻松愉悦的氛围，让员工们得以相互深入了解，还搭建了一个自我展示、互动交流的平台。在活动中，那些能够旗帜鲜明地阐述观点，并成功激发团队共鸣的员工，自然而然地会成为众人瞩目的"明星"，他们正是CHO寻找的潜在意见领袖。此外，通过与员工面对面深入交流，CHO可以从员工的独特视角，更加全面、细致地审视这些潜在发言人在团队中的实际表现与影响力。

给予他们充分的信任与支持

发掘员工中的潜在发言人后，CHO应先通过一对一的沟通增进双方间的信任，并为员工提供必要的发展机会和资源支持。这些被选中的潜在发言人，可能会逐渐成长为团队中的领导者。在此过程中，CHO还要重点关注这些发言人的沟通能力与影响力的培养，助力他们更有效地与团队成员沟通协作，从而进一步推动企业和谐与高效发展。

鼓励他们积极参与决策过程

在与潜在发言人建立起信任后，CHO要主动邀请他们融入企业决策的重要环节，除了要满足其个人参与的需求，更关键的是要确保广泛吸纳员工的意见，进而提升决策的科学性与全面性。鼓励意见领袖成为民主参与的主体，不仅能增强他们的归属感与忠诚度，还可以借此激发全体员工的积极性与创造力。

4. 利用群体行为特征巧沟通

集体沟通不同于个人沟通，二者在目标、方式、技巧和效果上各有特点。为了更好地达成目标，CHO 要充分利用群体行为的特征，更好地发挥集体沟通的作用。

利用好从众心理

从众心理是指个体在群体影响下，为了与多数人保持一致而改变自己的行为、观点或态度的心理倾向。CHO 可以利用从众心理，比如让宣传团队中的优秀榜样来引导其他成员效仿，公开群体行为准则来约束员工个人的行为，甚至可以通过自己的示范来展示期望。

避免"搭便车"现象

"搭便车"现象通常是指一部分员工利用团队合作或集体绩效考核机制的漏洞，来逃避个人责任，期望自己不付出成本就可以享受他人努力的成果。这会降低团队效率、破坏公平性，甚至引发员工之间的矛盾。因此，为了确保公平，可以考虑将大团体分解为小团体，为每个成员分配明确的角色，并增加集体行动的透明度。

构建利益共同体

在利益共同体的框架下，大家关注的是长期利益而非短期利益，企业内部的资源更容易实现共享，在决策过程中更容易达成共识。因为各方都能从共同利益的角度考虑问题，通过确保员工、部门和企业之间的利益一致性，企业能够更好地调动和利用内部资源，减少各方协作的障碍。

即便员工内部并不团结，
但在老板面前，
他们同是"打工人"。

THE
THIRD ARTICLE

第三篇

猎头的视角：
始终保持面向市场的心态

CHAPTER 10

| 第十章 |

价值思维

（一）缺乏价值思维的常见错误

价值思维本质上围绕的是如何更高效地管理人力资源，从而为企业创造更大价值展开思考。秉持这种思维方式，能够让 HR 将目光聚焦于如何充分挖掘并释放员工的价值，但就他们自己来说，根本在于要用面向市场的心态开展工作，并对自身在企业中的价值贡献进行评估，否则如果完全不考虑自身的履职情况、投入产出、职业生涯，就会带来一系列的问题。

1. 得过且过

某企业近期面临市场竞争明显加剧的情况，需要调整人力资源策略、优化人力资源质量来提升竞争力。然而，CHO 却似乎丝毫没有紧迫感，在工作中表现得比较被动。他认为只要能稳住现状，不犯大的错误即可。因此面对新的问题和挑战，他并没有主动去寻求解决方案，而是选择继续按部就班地开展日常工作。以招聘为例，他既没有积极优化招聘流程，也没有重点关注候选人质量，致使新入职员工的绩效大多未能达到预期，难以适应企业的发展需求；在员工培训管理方面，忽视了员工的个人能力提升与发展需求，导致工作效率低。

案例分析

案例中，在企业面临重大挑战时，CHO 作为高管，理应表现出应有的担当和进取精神，尽可能助力企业顺利渡过难关。具体来说，他完全可以从扩大增量、优化存量两个方面来改善企业的人才供给，但他却没有任何改变，继续得过且过，以为这样就能稳住现状，殊不知这一行为严重影响了企业的业务发展，这位 CHO 被问责是迟早的事。会不会干和想不想干是两码事。CHO 对企业来说，最核心的职责就在于确保内部人力资源符合企业经营发展的需要，从这个意义上来说，他的表现是严重渎职。

✒ 本节观点

卓越 CHO 会时刻保持对企业负责的心态，去应对工作中遇到的问题，并积极主动寻求解决方案。企业的内外部环境不可能是一成不变的，因此，CHO 的工作也要不断适应环境的变化，而且，即便是环境相对稳定，也要思考如何不断优化工作流程，如何创新工作方法，以提高管理效率和自身工作的价值。另外，人力资源管理的首要职责就是人力资源规划，而做好规划的前提，就是要对企业未来人才需求、供给做出相应的预测。所以，一个优秀的 CHO，一定要善于进行前瞻性的预判，而非被动应付，更不能得过且过。

2. 居功自傲

👤❓ 案例回顾

某 CHO 在企业工作了十多年，曾因成功推行绩效管理、薪酬管理、员工培训等一系列的人力资源管理改革备受赞誉，而且在企业转型升级的过程中，他带领团队投入大量精力，为企业引进了非常多的优秀人才。然而，随着时间的推移，CHO逐渐变得居功自傲、固执己见。比如，当其他部门提出管理改进的建议时，他习惯于以建议"不专业"为由直接否决。对于团队成员提出要引进新的人力资源管理工具或方法的想法，他也不屑一顾，认为不适用。CHO的心态导致人力资源管理逐渐脱离实际，影响了企业的整体发展。

案例分析

案例中，CHO属于"躺在功劳簿上睡大觉"的典型。过去他无论在人力资源体系的改进方面，还是重要人才的引进方面，确实都为企业立下了汗马功劳，非常值得尊敬。然而，功劳只能代表过去，既不能"占卜"未来，更不能"决定"未来。所以，用一个人过往的成功来认定他现在一定干得好、干得对，是错误的。CHO恰恰犯了这样的错误，他忽视其他人的建议和意见，拒绝接受新的观点和技术，而且态度又过于自信甚至很傲慢，以至于让大家不敢说、不愿说。作为企业的高管，他这样的心态对企业的杀伤力非常大。

本节观点

卓越CHO深知管理者的心态对组织的影响是广泛而深远

的，往往决定了组织的文化方向、战略方向、员工士气和员工执行力。首先，积极、开放的高管会营造包容、创新的企业氛围，而消极、保守的高管则可能导致氛围的僵化。其次，具有前瞻性和创新精神的高管会推动企业不断进步，而保守和短视的高管则注定会让企业错失良机。再次，豁达、友善的高管会激励员工努力工作，而狭隘、苛刻的高管会使得员工士气低落。最后，果断、坚定的高管会推动组织高效执行，而瞻前顾后、犹豫不决的高管容易导致组织执行力低下。因此，CHO不仅自己要时刻保持谦逊和开放的心态，而且要努力建立相应的制度、机制，尽可能避免其他管理者出现不良心态，影响团队和组织的健康发展。

3. 得不偿失

案例回顾

　　某民营集团是行业的龙头企业，集团的CHO在企业工作了五年，是出了名的艰苦奋斗、爱岗敬业、无私奉献的"老黄牛"。可企业的老板却是出了名的"铁公鸡"，所以给员工的待遇普遍不高，加上他并不太重视人力资源工作，因此给CHO的报酬是所有高管中最低的。换到同行业同体量的其他企业，

CHO 的薪酬至少要翻 2 到 3 倍。有人给 CHO 打抱不平，觉得他吃了亏，但 CHO 却经常说感谢老板对他的信任，让他挑这重的担子，能有今天已经非常知足了。由于 CHO 的薪酬远低于市场水平，因此整个人力资源条线的人员，待遇都受到影响，以至于这家企业的 HR 很难留得住，稍微有点经验就被猎头挖走了。CHO 其实也经常被猎头惦记，尽管他上有老下有小，家里也有经济压力，偶尔也会因为报酬心动，但他总是觉得走了对不起老板，所以一直没有付诸行动。

案例分析

案例中，CHO 有感恩之心是很好的，但作为人力资源的最高领导，他的待遇实际上也成了所有 HR 的天花板。CHO 因为追随老板多年很感恩，愿意接受不公平的薪酬待遇，但其他 HR 都是市场化的人才，严重偏离市场工资水平对于他们来说肯定是不可接受的。要知道，一个企业的 HR，连自己薪酬不公的问题都解决不了，哪还有心思去解决其他同事的薪酬问题。久而久之，不仅 HR 留不住，其他员工尤其是那些优秀的、比较稀缺的人才，同样很难留得住。另外，这位 CHO 也有经济压力，长此以往，迟早是会被挖走的。

本节观点

卓越 CHO 作为高级职业经理人，首先应该是市场化的。

这就要求他们至少应该具备市场化的心态、专业化的能力、职业化的表现等，其中心态是至关重要的。它不仅是 CHO 个人能否适应商业环境的关键，也间接影响着企业的市场表现。而等价交换原则是市场化的基本准则，具体到人力资源管理领域，我们通常说的"多劳多得、少劳少得"就是最低的要求。因为人毕竟是有感情的，所以不带任何感性成分的绝对理性是不现实的，但夹杂过多的感性因素，就会严重违背理性的契约精神，也就会让他们的工作变得反市场化、不可持续了。

（二）价值思维的具体内涵

　　人力资源管理的价值是通过人力资源效能反映的，所以 HR 自身的价值要综合考量其个人效能和所在组织的效能。无论个人维度还是组织维度，价值思维都要求 HR 在决策和工作中，始终着眼于价值链管理的全过程，注重企业的长期效益和可持续发展。具体来说，价值创造既强调能力，也强调结果；价值评估更强调通过评估来提升人员的不可替代性；价值分配则强调报酬对等，核心是内部公平、外部公平和分配公平。

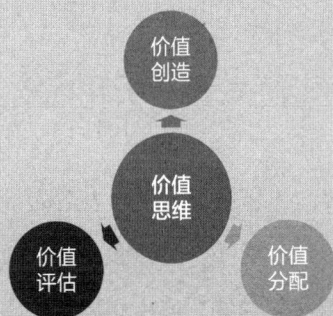

1. 价值创造

价值创造是价值思维的核心。它强调员工（包括 HR 自身）不仅要具备为企业创造价值的能力，而且要有价值创造的结果。

能创造价值

有能力、有结果是最理想的结果，但现实情况未必都能如意。如果没能力、没结果就属于典型的人岗不匹配；如果有能力、没结果，那大概率是表现出了问题；而如果没能力、有结果，大概率是碰运气，也是不可持续的。由此可见，有创造价值的能力是基础，是完成岗位任务的前提，即便没有发挥出来，还可以通过调整策略、加强管理来实现。

创造了价值

其实员工只要产出了绩效，就是在为企业创造价值。尽管从理论上来说，绩效包括任务绩效和周边绩效，其中任务绩效又包括行为绩效和结果绩效，但核心还是结果绩效，即实实在在的工作成果。创造相应的工作成果，是一个员工在企业安身立命的基础。

2. 价值评估

价值评估是衡量人力资源对组织战略目标和经济效益贡献的过程，从系统性的角度来看，要求实现评估体系、方法和程序的科学性。从 HR 个人层面来看，评估员工（包括 HR 自身）的不可替代性是关键。创新能力和客户体验，是衡量员工不可替代性的两大重要指标。

创新能力

创新能力是价值创造的首要驱动力，也是员工实现差异化价值的关键突破点。企业主要凭借技术创新、产品创新、服务创新、管理创新等四个方面来提高市场竞争力。技术创新能够为企业带来更高效的生产方式和更先进的解决方案；产品创新能打造出更具竞争力的产品，吸引更多客户；服务创新能提升客户体验，增强客户黏性；管理创新能优化内部的资源和运作方式，提高生产效率。这些创新内容相互关联、相互促进，共同助力企业在激烈的市场竞争中脱颖而出，实现价值的最大化。

客户体验

客户是企业生存之本，无论内部客户还是外部客户，都是如此。优秀的客户体验是价值创造的重要组成部分，在任何行业、任何岗位它都是不可替代的。企业需要深入了解客户需求，从客户的角度出发，不断优化产品和服务，提升客户体验，从而增强客户黏性和忠诚度，进而创造更大的价值。人力资源部门的客户就是企业员工，当企业向员工提供有效的激励和更加舒适且个性化的体验时，他们的满意度会大幅提升。这种和谐的雇佣关系，不仅能为企业带来持续的收益，还能通过员工的口口相传，形成良好的雇主品牌，帮助企业用更低的成本吸引更多高质量的人才。

3. 价值分配

价值分配的核心目标是通过利益共享机制，实现组织与员工的价值共赢，本质上就是要求公平。价值分配以全面薪酬管理为重要抓手，关键是报酬对等。广义的报酬对等实际上包括三个方面，即薪酬的内部公平、外部公平和分配公平。实现报酬对等，激发员工积极性和创造力，CHO 要从以下三个方面着手：一是建立科学的薪酬体系，依据企业实际与发展战略，明确薪酬结构、水平和支付方式等关键要素；二是完善绩效评价体系，客观全面评价员工工作表现，并将结果作为薪酬分配的重要依据；三是加强沟通反馈，建立与员工的沟通反馈机制，及时了解员工对薪酬制度的意见和建议，根据实际情况调整优化。

狭义的报酬对等更强调外部公平，即企业某个岗位的报酬，应该与同行业、同体量企业对应岗位的报酬相似。此处的报酬主要包括基本工资、奖金、津贴、福利等各类物资因素，当然，还包括职业发展、工作环境等非物资因素。CHO 甚至所有职业经理人，应该有意识地从狭义报酬对等的角度审视自己的表现。

（三）如何培养价值思维

从 HR 的角度来看，价值思维实际上是用一种螺旋上升的方式，去思考个人对企业的贡献。我能为企业提供什么价值？我能从企业获得什么回报？个人付出与回报的价值是否对等？未来如何创造更大的价值、如何变得更好？带着这样的疑问和思考，HR 应该定期全方位总结自己的工作，经常问自己还能为企业做什么贡献，通过对标同行来寻找差距，持续学习，以保持竞争力。

1. 定期全方位总结自己的工作

CHO 要经常静下心来，全方位总结自己的工作。首先，不仅要对最终的结果进行总结，还要对全过程进行复盘，尤其是对自己在过程中的表现、决策逻辑等方面进行反思。其次，要定期开展、形成惯例，比如月度、季度或年度工作总结，要求员工对自己的工作进行全面的回顾和反思。再次，要选择合适的工具和方法，如工作日志、价值评估模型等，以便更好地进行总结和提炼。最后，要针对总结中发现的问题和不足制订具体的改进计划并付诸行动，持续提升自身人力资源管理工作的质量和效率。

2. 问自己还能为企业贡献什么

如果说全方位总结更强调对工作完成情况的评价，那这里则强调要跳出自己的 KPI，从战略、业务和客户的角度进一步思考：如何能更多地为企业创造价值？一方面，站在整个企业人力资源管理的角度，想想目前哪些政策、制度阻碍了企业发展。有哪些流程可以优化，有哪些制度可以完善。过程中要从业务的视角，用心去倾听业务发出的"声音"，进而为业务的增长助力，包括要与各部门的负责人及一线员工进行深入交流，厘清他们的需求和痛点所在，找出企业当下最迫切要解决的问题。另一方面，要思考除了自己的行业经验、人脉资源，还有哪些能为企业带来价值，问问自己："除了人力资源管理的本职工作，我还能在哪个环节、哪个地方努力让企业变得更好？"

3. 对标同行评估自己是否称职

通过对标同行来评估自己是否称职，不仅能更清晰地认识自身的优势与不足，还能激发不断追求卓越的动力与潜能。

明确对标标准

CHO 首先需要找准对标对象，在此基础上清晰界定具体的对标维度和标准。从人力资源视角出发，这些标准涵盖但不限于人力资源管理效率、人才发展成效、企业文化塑造成果、员工满意度与忠诚度，以及对企业战略目标的支撑程度等。通过细化这些标准，CHO 能够更精准地洞察企业人力资源管理工作在哪些方面还有待改进。

对比分析差距

广泛搜集与对标企业及其 CHO 相关的信息，可利用参加行业会议、研读行业报告、关注社交媒体、行业论坛，以及私下的途径等。在获取充足的信息后，要进行对比分析，将自身的工作成果与对标企业的相应指标进行对比，找出差距与不足。同时，深入剖析对标企业的成功经验与做法，探究其背后的原因与逻辑，从中获取灵感与启示。

制订改进计划

基于对比分析结果，制订详尽的改进计划。该计划应明确列出需改进的领域、具体改进措施、实施步骤及时间表等。同时，设定可量化的评价指标，便于在后续执行过程中进行跟踪评估。

4. 持续学习以满足企业的期待

随着市场环境的不断变化和技术的快速发展，HR 应该具备不断学习、适应和创新的能力，以持续保持竞争力。

明确学习目标和方向

CHO 需要深入了解企业的战略规划和业务发展情况，以便明确自己的学习目标和方向。这有助于确保所学知识与企业的实际需求紧密相连。根据企业的期待和自己的职业规划，设定个人学习计划和发展目标。这些目标应具有可衡量性、可达成性和相关性的特点，以便在学习过程中保持动力和方向感。

拓宽知识领域和增强技能

要持续关注行业动态和趋势，了解竞争对手和市场变化。通过参加行业会议、阅读专业书籍和文章等方式，拓宽自己的行业视野和知识面。针对自己的岗位需求，深入学习和掌握相关专业技能。通过参加培训课程、在线学习或实践项目等方式，不断提升自己的专业能力和水平。除了专业技能，还应注重培养自己的软技能，如沟通能力、团队协作能力、领导力等。这些技能对于提高个人综合素质和满足企业期待同样重要。

建立学习网络和系统

与同事、同行或专家建立联系，通过交流和合作来共享资源和经验。要加入学习小组或社群，参与讨论和分享活动，拓宽自己的学习渠道和视野。在学习过程中遇到困难或挑战时，及时寻求他人的帮助和支持，如与导师、同事或上级进行沟通，寻求指导和建议。同时，也要保持积极的心态，相信自己能够克服困难并取得成功。

HR 作为职业经理人，
首先应当思考自己
对企业的价值。

CHAPTER 11

| 第十一章 |

品牌思维

（一）缺乏品牌思维的常见错误

商品在市场上有品牌，个人在职场上其实也有品牌。只不过在职场，产品就是你自己，客户就是老板，而整个职业生涯，就是你个人品牌的塑造过程。个人品牌的价值，体现在职业发展、人际关系、自我价值实现，以及与企业品牌的协同等诸多方面。然而，即便如此，还是有很多人不太重视个人品牌，要么不注重个人能力的提升，要么只顾低头干活，再者就是没有坚守职业精神……

1. 默默无闻

某大集团人力资源部总经理的位置空缺出来后，经集团高层研究决定，计划从下属二级公司的CHO中提拔一位。论工作能力、工作经验，其实A是众多候选人中最突出的，因为他在二级公司人力资源部工作了10多年，是从基层一步一个脚印被提拔上来的，而且工作一直兢兢业业，所以他在人力资源体系内的呼声很高。但A不善于经营人际关系，也不爱抛头露面，所以集团高管特别是总裁对他没什么印象，之前有好几次提拔或转岗的机会他都错过了。反观另一个候选人B，虽然比A晚来公司好几年，但平时非常活跃，还自诩为"员工关系百事通"，所以很多领导、同事都知道他。最后的遴选结果毫无悬念，B顺利晋升，A仍在原地踏步。

案例分析

案例中，A属于典型的"老黄牛式"领导干部，论工作经验、工作能力、工作成绩，应该都是很不错的，按照"德能勤绩"的用人标准，他其实更符合这次遴选的要求，所以才在人力资源体系内部有比较高的呼声，然而，他的个性使得他在集团高管心中太默默无闻了。且领导一般都喜欢用自己信得过的人，而信任的产生无外乎两条：一是共过事并通过了考验；二是有自己很信任的人背书。以 A 的个性，自然是都不符合。如果一定要在没有信任基础的情况下从两个候选人中选其一，一个默默无闻，一个人比较优秀，大家毫无疑问会选择后者。这样的结果其实不能诟病领导的决策不够理性，只能说管理中的信息不对称是常态。

本节观点

卓越 CHO 深知在职场上既要干得好还要说得好，会干不会说、会说不会干，都是不行的。然而，如何巧妙地宣传自己的工作成绩，其实是很考验智慧的，既要让领导看到自己的贡献和努力，又不能显出是自夸或者太刻意。说得好的关键之一是要说，有汇报的机会要抓住，没有汇报的机会要创造机会。当然，跟领导汇报的机会不一定非要是公开的、正式的，往往私下的、不经意的效果反而更好。"说得好"的第二个关键在于尽可能"让别人替你说"和"用数据来说话"。比如，让业务部门在领导面前替 HR 说好话、转发合作单位的感谢信、用数据＋对比来反映工作成效等。而且，在"表功"的过程中，还要学会谦让，通常把成绩归功于团队更容易获得领导的好感。

2. 术业不专

A是某中型企业高薪聘请的CHO。他之前曾在某二线互联网企业任HRD，学历、履历都非常光鲜。该企业原计划一两年之内在科创板上市，结果A入职不久，企业就遭遇了市场不景气的危机，融资也受阻。A为了向老板表功，先斩后奏搞出来一些所谓降本增效的"大动静"：（1）取消全部已发放的校招录用通知书，并且没有给予毕业生相应赔偿；（2）进行威胁式裁员，要求被裁员工签署"自愿放弃赔偿"的声明，否则扣押离职证明；（3）推出全员"共克时艰计划"，直接宣布给普通员工降薪20%，但高管薪资不变；（4）大搞"文化PUA"，鼓励员工自愿加班，且说加班就是积福，接受不了的可以辞职。A这一顿操作猛如虎，直接将企业逼至绝境。不仅在很短的时间之内，员工的离职率和劳动争议激增，核心业务也受到影响，更严重的是因为负面舆情的冲击，企业的上市计划雪上加霜。老板一怒之下火速将A开除。

案例分析

案例中，A在企业经营遇到困难时，想有所作为没错，作为新人，想第一时间向老板表功也是可以理解的，但用力过猛必然适得其反。首先，操作要合规。这是底线，但 A 几乎所有的操作，其实都严重违法，比如作废校招录用计划却不承担违约责任、单方面裁员又不给补偿、未经协商直接给员工降薪、让员工加班却不发加班费，最终肯定会让企业付出惨重的代价。A 作为资深的 HR，完全无视法律的规定，显得非常不专业。其次，操作要合理。即便企业真的要实施减员增效，那也要综合考虑，哪些是该减的冗员，减掉之后是否真能起到效果。这种不分青红皂白一刀切的做法，显得太外行了。最后极有可能是该减的没减，不该减的主动"闹分手"。

✒ 本节观点

卓越 CHO 深知"人心齐，泰山移""人心散了队伍不好带"。无论什么时候，企业都要凝聚广大员工。因为它关系到组织的战斗力、创新力、危机免疫力、客户满意度和人才吸引力。企业经营不可能永远一帆风顺，遇到困难也并不一定非得裁员、降薪。相反，裁员、降薪容易搞得人心惶惶，其实越是企业困难的时候，员工对企业的信心越重要。如果企业的凝聚力足够强，员工其实是愿意牺牲小我、共渡难关的。比如，2020 年疫情期间，西贝莜面村现金流仅够支撑 3 个月，员工不但没有离开，反而主动提出"自愿减薪 50%，等盈利后补发"。打造有凝聚力的铁军团队，除了要有好的目标和好的机制，其实情感投入也很重要。因此，专业的 HR，还必须是善于对员工进行情感管理的高手。

3. 不爽就跳

案例回顾

　　A 在国内顶尖人力资源学府读了本科、硕士，成绩非常优异，而且在读研期间就跟着自己的导师参加了不少企业咨询课题，毕业时尽管竞争非常激烈，但是他还是特别顺利地进入全球知名的管理咨询企业工作，从事人力资源咨询方面的工作。工作三年之后，A 觉得自己已经积累了不少经验，想转型。于是在参与一个项目时争取到甲方老板的认可，顺利进入该企业担任人力资源总监。后来干了两年他又想追求金融行业的高薪，转战某基金企业。再后来又因为移动互联网的风口到来，他进入了一家社交电商，结果干了一段时间之后，又发现自己跟老板不太合拍，之后又辗转服务过好几家企业。10 年之内，A 一共跳槽 6 次，虽然后面的职级都比较高，基本都是 HRD 或 CHO/HRVP，但由于跳槽太过频繁，而且行业又不连续，以至于重新择业的时候，用人单位都不太愿意要他。

案例中，A原本有一手"好牌"：名校毕业、专业扎实，在校期间就积累了比较丰富的项目实践经验，也正是因为这些"好牌"，他才在毕业的时候顺利地进入国际知名的管理咨询企业。这样的起点，足以羡煞旁人，按照正常的职业发展，一条路是聚焦某个细分的专业领域，逐步成长为专家型的咨询顾问；另一条路是有一定积累之后，华丽转身到甲方，无论哪条路前途都是光明的。A选择了后者其实也非常好，如果踏踏实实地，不一会图待遇高、一会图企业成长性好、一会又要求环境特别友好，估计也能成就一番事业，不至于到后面没单位敢要了。站在客观的角度来看，先不说其真实能力如何，一个HR竟然连自己的职业生涯都规划不好，要么是专业能力不强，要么是职业心态有问题。不管是哪种情况，对专业的HR来说都是大忌。

🖋 **本节观点**

卓越CHO深知频繁跳槽就是自毁前程。首先会遭遇用人单位的信任危机。他们会想，既然你前面跳槽这么频繁，那又怎么能保证这次能稳定呢？其次会遭到用人单位的质疑。用人单位会想，你在每家企业都干不久，是不是刚开始说得很好，结果上手之后露馅了干不下去了？再次会遭遇个人口碑崩塌。

这样来去匆匆，在前雇主那多半不会留下太多好印象，一旦做背调，大概率是差评。CHO 应该让自己的每一段职业经历都成为加分项，在每一段职业经历中要么学习本领、要么打造业绩、要么积累口碑、要么沉淀专业领域的社会资源。职场没有白走的路，主动设计好、规划好，就能让自己一路步步高升。

（二）品牌思维的具体内涵

如果说雇主品牌反映的是用人单位在劳动力市场上受欢迎的程度，那么个人品牌则反映的是员工在劳动力市场上受欢迎的程度。个人品牌本质上是员工在职场中被认知的形象，它涵盖了员工的技能、经验、业绩、态度、价值观等多个方面。而品牌思维就是将个人品牌当作类似商品品牌一样去运营的思维方式，具体来说，要运营好个人品牌，可以从专业度、知名度、美誉度、忠诚度四个维度着手。

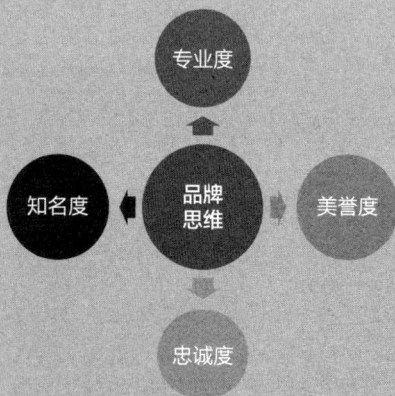

1. 专业度

专业度反映的是个人专业能力的高低，是员工可雇佣性中最重要的内容，决定了一个候选人能不能"干得了"。术业有专攻，每个岗位都或多或少有专业性上的要求，越专业的员工越有可能把工作干好。当然，这里所说的专业不同于学科分类中的专业，而是专业知识、专业技能、专业经验的综合体现。越是基层的岗位对专业性的要求越明显，所以不管是在哪个行业、哪个领域，打造个人品牌的第一步，就是深耕自己的专业方向，增加知识储备和岗位经验，不断追求卓越。

2. 知名度

知名度反映的是个人在企业内外影响力的大小，是员工能否在职场持续发展的重要前提，决定了一个候选人能不能"干得好"。在现在这个"酒香也怕巷子深"的年代，个人如果没有知名度，即便专业度很高，但有职业机会的时候也很难被想到，到最后大概率也只能是怀才不遇。知名度的核心是让大家都知道你。提升个人品牌知名度，既要积极扩大在外部的猎头圈、专业圈的影响力，也要努力进入企业内部老板、上级领导和组织人事部门的视野中。

3. 美誉度

美誉度反映的是个人在职场上获得评价的好坏，是个人能否在职场上建立良好人际关系的重要影响因素，这决定了一个候选人能不能"干得顺"。良好的美誉度代表了员工过往的职业素养好、职业态度好、职业成绩好。用人单位选择这样的候选人相对更安全，因为他们入职后大概率会有很好的表现。

4. 忠诚度

忠诚度反映的是个人职业稳定性的强弱，是个人职业生涯规划做得好不好的结果，决定了一个候选人能不能"干得久"。即便是能力再出众的人，如果跳槽频繁，用人单位也会心有芥蒂：谁都不想辛辛苦苦招来一个人，结果干了没几天就辞职了。

（三）如何培养品牌思维

　　品牌思维的核心，是站在猎头的角度去看待员工，以及其在职场上的价值、竞争力、可雇佣性。品牌思维是一种系统性的思考方式，其核心目标在于创建、维护并不断强化品牌形象。构建个人品牌的第一步，要明确自己希望在职场上给大家一个什么样的印象，在此基础上不断提高企业内部的话语权、扩大行业内部的影响力，同时做好自身的职业规划，增强在劳动力市场上的核心竞争力。

1. 始终保持职业经理人的心态

这种心态意味着无论在职业生涯中的哪个阶段，都能够展现出专业性、责任感及对卓越的不懈追求。这种心态不仅有助于个人的职业发展，还能为企业带来持续的价值。保持职业经理人的心态，有两条特别重要。第一条是培养专业精神。换句话说，HR 作为职业经理人要清楚地认识到自己是"靠手艺吃饭"的，所以把工作干好、把活干漂亮是第一位的。因此，把手艺学精通，让自己变得更专业，相比搞好关系其实是更重要的。毕竟，手艺永远是自己的，而关系的变数太多。第二条是养成靠谱的作风。其中，诚信和职业道德是底线。无论面临何种诱惑或压力，要始终守住这条底线，即使短期内可能会有损失，但未来一定可以行稳致远。

2. 有意识地提高内部的话语权

同样是 CHO 这个职位，在不同的企业其工作权限和职责也是有差异的，如果在内部的话语权重，不仅更受人重视，而且业绩产出也可能更多。CHO 有意识地提高在企业内部的话语权，就是更好地展示个人能力和个人品牌。所谓的话语权，本质上是对企业战略决策、资源分配和组织发展的实质影响力。话语权具体包括以下几个方面：一是参与权，即能否进入核心决策层/会议（如战略规划会、预算编制会等），且意见被认真考量；二是决策权，即能否决定人员任免、资源分配、规则制定等重要事项；三是知情权，即是否有权掌握企业的关键信息；四是监督权，即能否对重要人员的履职、重大制度/决议的执行、重要争议的处理等进行监督。真正有话语权的CHO，在大家遇到事情的时候，会让大家先听听他的意见。

3. 积极扩大在行业内的影响力

如果说提高在企业内的话语权可以实现"墙内开花墙外香"，那么扩大在行业内的影响力，就是直接"香在墙外"了。行业影响力的打造，必须突破企业边界，这种突破不仅仅是空间维度的，还包括格局维度的，即要从单个企业的管理者升级为行业人力资源的思考者。具体来说，一是积极参加行业性的活动，比如行业峰会、论坛或评选，增加曝光度和对外联系的机会；二是积极加入行业性的组织，比如成为行业协会的正式会员或非正式团队中的一员，从而有机会参与行业标准的制定、行业政策的讨论或者行业人才素质模型的构建等重要活动；三是积极输出管理经验或人力资源管理的方法论，为行业实践贡献智慧；四是积极助力行业人力资源管理的基础设施建设，比如编撰行业性的白皮书，运营行业性的人才平台，主导行业性的薪酬数据库，搭建行业性的 HR 对话机制等。

4. 用心规划好自己的职业生涯

人力资源部的重要职责之一是帮助员工做好职业规划，为企业更好地保留人才。然而，作为专业人士，HR 却往往忽视了自身的职业生涯规划。在具体规划过程中要特别注意以下三个方面：第一，要做好行业和赛道的选择。因为不同的行业有不同的周期、前景，不同行业对 HR 的要求差别也比较大，比如传统行业的管理方式可能比较程式化、官僚化，而新兴行业的管理方式可能比较自由化、灵活化。第二，要做好专业领域和维度的选择。每个企业的 CHO 或者 HRVP 只有一个，而且不同的 CHO 或 HRVP，他们的专长不同，有的偏事务型，有的偏关系型，有的偏战略型，一定要结合自身的性格特征和兴趣偏好来定。第三，要设计好进阶路径。根据职业规划的目标，规划好每个阶段所需掌握的知识和能力。当然，职业生涯规划不可能是一成不变的，不断拓展个人的专业深度、拓宽业务广度、提升战略高度，才能够持续进步、越走越远。

5. 努力培养自身的核心竞争力

培养核心竞争力对于个人职业发展至关重要，它能够显著提升个人在职场中的不可替代性。在严峻的就业形势下，拥有独特且难以复制的技能和知识，将使你成为雇主眼中的宝贵资产。这种不可替代性不仅有助于保持工作的稳定性，还能在行业变革或经济波动时提供额外的安全保障。在培养核心竞争力的过程中，学习意识、创新精神、长期主义是不可或缺的。首先，学习是最好的投资，除了系统性的理论、课程学习，碎片化阅读和不定期交流，也能很好地丰富我们的知识储备和感性经验。其次，创新是实现自我超越的最好途径。尝试新的方法和技术，学会批判性思考，掌握最新的工具并加以应用，可能会产生意想不到的效果。最后，长期主义能让我们始终坚定信心，用更长远的眼光和更宽广的胸怀去看待当下的得失。

"罗马不是一天建成的"。一个受人喜欢、令人尊敬的优秀 CHO，也需要时间、经历甚至磨难去锤炼。

运营好个人品牌

才能在职场上

取得更大的成就。

CHAPTER 12

| 第十二章 |

创新思维

（一）缺乏创新思维的常见错误

创新思维本质上是一种超越常规、勇于探索未知领域的思维方式，它鼓励 HR 跳出固有的思考框架，去寻求非传统解决方案。在实际操作中，HR 面对复杂多变的管理情境和既定的工作流程，往往难以摆脱惯性思维，进而导致实际行动与创新思维的要求相去甚远。因此，HR 不仅要具备开放的心态和敏锐的洞察力，还要勇于尝试、敢于失败，并从每一次尝试中汲取经验，让创新思维真正成为推动人力资源管理创新与变革的强大力量。

1. 井底之蛙

　　某新秀健康管理企业凭借独特的经营理念与优质的服务，迅速在消费者心中树立起了良好的品牌形象，一跃成为所在省内的标杆企业。在取得成功后，企业开启了快速扩张之路，在省外新开设了几家分店，这几家分店也是服务好、口碑好，非常受欢迎。然而，员工培训跟不上，导致技师严重短缺，因此企业一直没法迈出大规模扩张的步伐。有专家向该企业 CHO 建议，可以考虑尝试用虚拟现实（VR）技术来打造专属的培训体系，但 CHO 却表示："别忽悠了，VR 技术不就是用来打游戏的吗？没听说过还能用来培训。别把这个技术说得天花乱坠，不就是把培训搬到了线上，之前我们也办了个线上学习平台，效果一般。我还是老老实实多建几个培训学校吧！"

📑 案例分析

　　案例中的 CHO 缺乏对新技术的学习和行业前沿动态的了解，认为 VR 技术只能提供更加真实和沉浸式的游戏体验，殊不知这项技术已经在游戏、教育、医疗、军事训练等领域有了广泛的应用。实际上，早在 2017 年，沃尔玛就已经开始使用 VR 技术训练 200 家沃尔玛学院的员工了。近年来，VR 和增强现实（AR）技术更是以前所未有的速度渗透教育领域，为学习者带来了全新的、沉浸式、个性化、交互式的学习体验，还极大降低了学习成本和风险。相信未来 VR/AR 技术在企业培训中的应用会更广泛。另外，在线学习以直播课、录播课为主，只是解决了随时随地访问学习资源的问题，更适用于知识类、理论性的培训，而 VR 技术能提供沉浸式的学习环境，能极大地增强学习的互动性和参与感，对实训类、操作类的培训也比较适合。

本节观点

卓越 CHO 深知"天外有天，人外有人"。创新思维首先是要相信自己的认知之外还有新东西。企业如果固守传统的、过时的管理模式和管理手段，不积极主动更新知识储备，那么无论再怎么优秀也迟早会被同行超越、被行业淘汰。作为主导人力资源管理变革的第一负责人，想要用人力资源去保障、助推企业在竞争中立于不败之地，CHO 就必须打破思维的枷锁，保持谦虚、开放的心态，主动探寻行业内和人力资源管理领域中的新变化，研究那些在市场中崭露头角的企业是如何获得成功的。通过对这些领先企业的研究，可以感知市场脉搏、跟踪市场前沿，及时调整自身的经营发展策略。特别是在科技日新月异的今天，人力资源管理新的变革也会层出不穷。

2. 因循守旧

案例回顾

　　某大型制造业集团公司的员工规模高达几万人，但由于离职率特别高，所以一直以来，人力资源部的招聘压力都非常大。而且有一次还因为人员补充不及时，差点导致某重要车间停产，也险些造成重大生产事故。集团人力资源部招聘经理的工作压力特别大，所以也换了好几任。最近刚入职的招聘经理 A 对人力资源领域的新技术非常关注，考虑到集团的实际情况，他立即向 CHO 建议引入 AI 简历筛选系统。没想到被 CHO 严厉回绝了："机器是死的，人是活的，难道 AI 还能比我们看得准？再说了，整这么个花哨的玩意，要花上百万元，够我请好多个招聘主管了。"

案例分析

　　案例中，新来的招聘经理 A 对人力资源领域的新技术是非常了解的，如果换在其他企业，招聘量没有这么大、招聘需求没有这么急，使用 AI 简历筛选系统确实没什么必要，但对他所在的集团来说，为了确保生产的稳定，使用 AI 简历筛选系统从长远来看是值得的。CHO 的理由看似有道理，如果让一个熟悉企业情况又经验丰富的招聘经理和 AI 简历筛选系统进行 PK，可能一开始 AI 简历筛选系统还真比不过，但人的时间和精力是有限的，而且同样一个招聘经理，状态好和状态不好的时候工作效率是不一样的。既然一直困扰企业的重大难题有了新的解决方法，起码应该先好好了解，再做进一步评估，而不是一上来就否决。

本节观点

卓越 CHO 深知技术只是工具，真正要让它更好地发挥价值，必须跟人相结合。比如，现在 AI 大模型其实很强大了，但大模型本身只解决了数据处理结构的问题，如果没有海量的大数据去"投喂"大模型，那 AI 的强大能力就无从展示了。以简历筛选系统中的 AI 技术为例，现在的 AI 大模型可以对简历高达数十个的标签进行分析。通俗来说，就是拿出一份简历，AI 可以从几十个维度对候选人进行评价，借此可以判断候选人是否符合要求。但每个行业、每个岗位的能力素质模型是有差异的，如果一开始没有经验丰富的 HR 对目标岗位标签选择的合理性做出评估，那最终筛选出来的简历有效性肯定会大打折扣。另外，如果简历样本足够多，AI 经过深度学习，其实还可以生成新的、更精准的标签。

（二）创新思维的具体内涵

　　创新思维突破了常规思维的界限，以超常规甚至反常规的方法、视角去思考问题，提出与众不同的解决方案，从而产生新颖的、独到的、有进步意义的思维成果。其本质在于将创新意识的感性愿望上升为理性探索，实现创新活动由感性认识到理性思考的飞跃。要全面了解人力资源创新思维的内涵，关键在于把握这种思维方式的两个重要方面：新技术、新趋势。

1. 新技术

我们正处在一个技术日新月异的时代，这是一个充满变革与机遇的时期，新技术如雨后春笋般不断涌现，它们以前所未有的速度改变着我们的生活、工作及商业模式。

大数据

大数据在人力资源管理中的应用前景非常广阔。比如在招聘与人才获取方面，可以利用大数据分析候选人的教育背景、工作经历、技能匹配度及在线行为等数据，帮助 HR 更准确地识别和筛选潜在的高绩效员工；在员工发展与培训方面，大数据能够结合员工绩效数据、培训记录和职业发展目标，识别员工的技能短板和发展需求，为员工制订个性化的培训计划；在绩效管理与激励方面，通过数据分析，HR 不仅能够确定与企业战略目标紧密相关的 KPI，确保绩效评估的公正性和有效性，还可以利用大数据实时跟踪员工绩效，帮助员工提高工作效率，同时还可以依靠大数据的帮助，分析员工的需求和偏好，设计个性化的激励方案；在员工保留与离职预测方面，通过分析员工的工作满意度、绩效变化、出勤率等数据，有助于预测可能的离职风险，以便提前采取干预措施；在规划与决策支持方面，HR 可以分析人力资源各项费用的分布和变化趋势，为预算制定和成本控制提供依据，并结合市场趋势、行业数据和企业战略，预测未来企业的人力资源供给和需求。

人工智能

人工智能在人力资源管理中的应用已经越来越广泛，它为企业带来了更高效、更精准的管理手段，同时也为员工提供了更加个性化的服务。具体包括选拔与招聘中的自动化简历筛选、面试辅助、背景调查；培训与发展中的个性化培训、智能职业规划；绩效管理中的绩效评估、自动化绩效管理；员工关系与福利中的员工沟通、员工关怀、福利优化，也可以辅助HR 进行用工风险预测和数据分析。

基因技术

基因技术在人力资源管理中的应用，目前虽然尚处于探索阶段，但已展现出一定的潜力和前景。从健康管理与员工福利方面来看，基因技术可以辅助企业为员工制订个性化的健康计划、对员工进行疾病筛查与疾病预防、为员工提供健康保险，还可以对员工做能力倾向评估和适应性评估。

2. 新趋势

如果说新技术是人力资源工作者应当掌握的可靠手段，那么新趋势则是人力资源从业者必须了解的实践走向。

自主化

在人力资源管理领域，自主化趋势正日益凸显。高层管理者应敏锐察觉这一趋势，明白赋予员工自主权的重要性，既能借鉴过往管理经验，也能应对未来挑战。自主化人力资源管理并非凭空出现，它源于企业与员工关系的变化，是对传统"命令与控制"管理模式的改进。回顾过去，激励、赋权、信任与责任共担等管理理念，为现在的自主化发展奠定了基础。如今，随着技术发展和人才观念的转变，员工更希望参与决策、自主规划职业发展路径，追求工作与生活的平衡。比如，联合利华打造的"人才云"生态系统，就是最优实践之一。其将传统雇佣模式改造为模块化的雇佣合约，员工可以像"订阅服务"一样自定义工作组合。这个组合包括：基础保障包（社保＋基本工资）、项目冲刺包（短期高强度任务＋奖金）、知识共享包（内部培训授课＋知识产权分成）。再如，沃尔玛正在尝试"碎片化排班系统"，允许员工通过 App 竞标热门工作时间段，形成内部劳动力拍卖市场。

虚拟化

虚拟化正悄然改变职场的面貌，将传统的物理边界拓展至无垠的数字空间。在这个虚拟化的时代，人力资源管理不再局限于实体办公室的一隅，而是跨越时空限制，实现了全球范围内的高效协同与无缝连接。随着互联网、云计算、大数据、人工智能、AR/VR 等技术的飞速发展，虚拟化的工作环境逐渐成为现实。员工可以通过各种在线平台进行远程办公、在线协作、虚拟会议，甚至参与跨国项目。这种变革不仅打破了地理界限，还促进了工作方式的多样化和灵活性，使得企业能够吸引并留住来自世界各地的优秀人才。比如，埃森哲打造的"元宇宙 HR 总部"可以说是全球人才管理虚拟化革命的标志性案例。2023 年，该企业斥资 1.5 亿美元打造了基于元宇宙的虚拟人力资源管理中心，彻底重构了员工的全生命周期管理，有效地应对了线下传统管理模式面临的跨时区协作、新员工融入等各种挑战。

集体化

集体化正在重塑企业内部的人际互动与协作模式，引领组织文化向更加团结、共享的方向迈进。虽然 21 世纪初期劳动关系向集体化转型，但受到新技术、新政策的冲击，转型出现了更多的不确定性。人力资源管理更加注重团队的力量，个体与集体之间的紧密联系与相互支持已成为不争的事实。这种趋势的兴起源于现代企业对高效协作与创新的迫切需求。面对快速变化的市场环境和日益激烈的竞争压力，企业意识到靠员工单打独斗已难以立足，唯有团结一心、集思广益，才能在激烈的市场竞争中脱颖而出。因此，集体化的人力资源管理策略应运而生，它旨在通过强化团队建设、促进跨部门沟通、构建共享文化等方式，激发团队的凝聚力和创造力。这里所说的集体化并不一定是正式的、组织化的集体化，比如海尔集团在数字化转型中，推行的"链群合约"模式，将全部员工重组为若干个自主经营体——链群。任何员工可发起项目，并通过内部平台招募跨职能成员，形成临时链群。每个链群与集团签订带有对赌性质的智能合约。链群成员共享收益、共担风险。

（三）如何培养创新思维

　　创新思维不仅是管理者个人能力的体现，更是企业持续繁荣与进步的强大引擎。CHO 应成为创新变革的引领者，他们需要持续学习研究、积极拥抱技术革新、构建包容性的组织文化、勇于走出舒适区，不断探索人力资源管理的新模式、新方法。以此来助推企业实现战略目标的同时，为员工创造更加广阔的发展空间，从而确保企业在复杂多变的市场环境中继续前行。

1. 持续学习研究

新技术、新趋势的学习不能脱离企业实际，而是应紧密扎根于企业的经营管理之中。CHO 需要站在企业当下及未来战略的角度考量，一方面，要明确新出现的技术如何与企业经营发展目标结合，判断其能否成为提升效率、优化流程、增强创新能力的有效手段，能否成为开拓新市场、构建新业务模式的关键驱动力；另一方面，要明确新出现的趋势将如何引领企业变革，如何影响人力资源管理的实践。在此基础上，CHO 还要进一步思考，如何推动企业人力资源管理的优化升级，为企业的长远发展提供坚实的人才保障。

2. 尝试突破常规

创新往往来自突破惯性、改变常规。无论从全行业的视角，还是本企业、本岗位的视角，根本性的革新是非常困难、特别少见的，哪怕只是在现有工作基础之上进行的小修小补，也是很有意义的创新。因此，创新不一定是大刀阔斧地全面改革，尝试突破常规，多一些逆向思维、跨界借鉴、环境的改变、要素的重组，看似微不足道的调整可能会带来意想不到的效果。当然，突破常规也不是说要否定现在的一切，而是通过刻意改变思维惯性，进而发现潜在的可能性。真正的创新往往来自走出舒适区。

3. 定期追踪同行

在瞬息万变的商业环境中，定期梳理同行业的创新动态，对于企业领导者，尤其是 CHO 来说极为重要。这不仅有助于掌握竞争对手的发展态势，还能从中获取灵感，驱动自身的创新发展。因为随着市场持续变化，同行业中会不断涌现出新业态、新商业模式；所以在追踪过程中，一方面要深入探究同行管理实践背后的逻辑与驱动因素，以及对企业经营产生的具体影响；另一方面要重点关注那些能显著提升组织效能、激发员工潜能的管理理念与方法，比如敏捷管理、精益生产、员工参与式决策等。通过学习借鉴这些创新实践，不断优化自身的组织结构与管理流程，提升企业的整体运营效率。

4. 多维高频沟通

CHO 作为连接企业战略与员工行动的关键桥梁，肩负着促进内部沟通的重要职责，而全方位、跨边界、多层级、高频次的沟通交流是 CHO 与时俱进的重要法宝。对内，倾听内部员工的想法、诉求，无论职业发展规划，还是日常工作中的难题，进行及时有效的沟通能提升员工的归属感和工作积极性。与各部门负责人的沟通非常关键，因为这有助于打破部门壁垒、促进跨部门协作。对外，与合作伙伴的沟通能巩固伙伴关系，增进相互了解，更好地实现双赢。在具体实践中，CHO 还需坚持实事求是的原则，既不夸大其词，也不避重就轻，要敢于直面失败与不足，将其转化为推动未来变革的宝贵财富。

5. 建立专业圈层

专业圈层会促进知识共享、资源共享，它是推动企业人力资源管理水平提升不可多得的平台。CHO 应当积极主动地构建并维护高效的 HR 专业圈层。这个圈层不仅限于人力资源同行，还包括平时工作中紧密联系的外部人士。在同业圈层内，成员往往会坦诚分享工作中的经验教训。这种开放的交流不仅能拓宽 CHO 的视野，还能让他从思维碰撞中获取灵感。此外，同业圈层还为 CHO 搭建了资源对接平台，企业间不仅可以共享培训师资、招聘渠道、人才库等关键资源，还能够联合开展项目合作，甚至是职能互助。而同业圈层之外诸如猎头、律师、会计师、HR 专家、劳动仲裁员等，则是重要的外部依托，能够助力 CHO 更好地满足内部需求，解决内部矛盾。

只有与时俱进
才能永远保持职业的生命力。

后　记
Postscript

　　这本书的创作灵感，始于中央财经大学 MBA 中心的授课邀请。多年以前，我受邀讲授"企业人力资源管理"，面对一群已在职场中摸爬滚打，甚至身居管理岗位的学生，我意识到：若照本宣科地讲授传统 HR 理论，恐怕难以触动他们；而若过于聚焦技术细节，又可能失之实用。作为教师，传道、授业、解惑是根本，那么人力资源管理的"道"究竟是什么？老子言"道可道，非常道"，虽难以言尽，但那些卓越 CHO 的实践智慧，必是暗合于道的。于是，我尝试通过解构优秀 HR 的思维逻辑来阐释人力资源管理之道，并据此设计了一套课程。出乎意料的是，连续几届 MBA 学员反响热烈，更有学员直言"听不够"，鼓励我将内容拓展成书。

　　这份来自课堂的期待，成了本书最初的种子。在拟定提纲后，我忐忑地请教了自己的博士后合作导师——国内人力资源学界泰斗杨河清教授。先生不仅充分肯定了这一构想，更亲自点拨框架，催促我早日落笔。这份厚重的认可，给了我莫大的信心，让我终于鼓起勇气踏上这段写作之旅。

然而，从课程 PPT 到系统著作的跨越，远非想象中那么简单。尽管授课内容已自成体系，但转化为严谨书稿仍需大量工作，写作计划一度搁置。幸得同门师妹魏巍仗义援手，后又蒙挚友李洪坚倾力加盟——这两位兼具学术底蕴与实践智慧的伙伴，让停滞的书稿重焕生机。全书框架由我搭建，并执笔前四章；魏巍负责撰写第五、七、九、十一章；洪坚负责撰写第六、八、十、十二章。初稿完成后，我们交叉修改多轮，最终由我统稿。书中若有灵光闪现之处，必是三人思想碰撞的火花；若存在疏漏不足，则理应由我承担全责——不仅因全书体系与核心观点出自我手，更因书中诸多案例源自我亲历的管理实践。

本书并非严格意义上的学术专著，所以关于老板、员工、猎头三个视角的划分，以及每个视角下不同思维的归纳，在理论严谨性上或许存有争议。我们试图打破传统 HR 模块的窠臼，构建一套新的问题分析框架，却也难免陷入局部与全局的辩证矛盾。例如，十二个管理思维虽各自成章，但在实际应用时往往需要融会贯通。最初，我想访谈百位 CHO 以夯实实证基础，终因精力所限未能成行。倘若本书能为 HR 从业者或学子点燃一丝思想微光，已属欣慰；若能吸引更多同道者继续探索这一课题，更是意外之喜。

在此，必须铭记那些让本书成为可能的贵人：

恩师杨河清教授，从构思到成书全程给予极大的鼓励与鞭策；

杨伟国教授于百忙中惠赐序言，使拙作增色不少；

硕士研究生导师曹大友教授，不仅对初稿提出灼见并作序，更是我学术之路的启蒙明灯；

魏春兰董事长作为资深首席人才官的切身感受，让我们更加确信本书的创作是有意义的；

李直、夏祖浩、朱飞、刘艳、郑风华、许振杰等几位专家的慷慨推荐，让本书得以遇见更多读者；

最重要的，是合作者魏巍与洪坚，若无他们的才华与担当，此书或许至今仍只能停留在酝酿当中。

最后，要将最深的谢意献给我的妻子聂绮。十一年风雨相伴，她始终以毫无保留的信任支持我的每一次冒险和坚持。如果本书的出版能有些许的功德，惟愿能全部归于她！